日本の宗教とキリストの道

日本の宗教とキリストの道

門脇佳吉

岩波書店

はじめに

日本の宗教の特徴は、「行」にあります。キリストの教えはヨーロッパに伝わり、いつしか「知」の方が勝ってしまいました。ところが、ユダヤ教から生まれた、本来のキリストの教えは、「行」が中心だったことが分かります。そのため、この本の題をキリストの教えとしないで、「キリストの道」としました。もともとキリストの教えは、「教え」である前に、人間が「歩むべき道」でした。このことは、私の『道の形而上学』(岩波書店)に詳しく書いてあります。キリストの教えは、本来「キリストの道」なのです。キリストは「私は道である」(「ヨハネ」一四章六節)と言われました。キリスト者とは、キリストが歩まれた道を、歩む者のことです。では、「いったい、どのようにして「キリストの道」を歩んだらよいのでしょうか」が、キリストの教えの本質だと思います。私は、「日本の諸宗教から学ぶことによって」と答えます。なぜなら、私自身、日本の諸宗教から学ぶうちに、キリストの教えは「キリストの道」であることに目覚めました。それは、『聖書』の指針だと言っても過言ではありません。

はじめに、古神道の話、そして次は日蓮、親鸞というように六回にわたり、話を進めて参ります。

まず、日本の宗教や倫理に関する重要な教え、つまり「行」を中心に学びます。さらに、キリスト者として、西欧化されたキリストの教えを、『聖書』に基づいて、つまり、本来の「キリストの道」に立ち帰って見直したいと思います。なお、キリスト者でない方、キリストの教えを学びたい方々にも、日本の諸宗教を通してキリストの教えをより易しく理解していただけることを期待しながら話を進めて参ります。

今までの日本のキリストの教えは、ヨーロッパから受け継いだ教えで、どうしても私たちの肌に馴染まないところがあります。これは、最近亡くなられた、畏友遠藤周作氏が一番悩んだ問題でした。彼は日本人であることを自覚して、「日本人のキリスト者として、自分はどう歩むべきなのか」を一生涯苦闘した人だったと思います。私も彼との交友関係がありましたので、いつか彼の文学についての批評をしてみたいと思っています。彼は普通には親鸞的なキリストの教えを打ち立てているように見られていますが、おそらく少し違うのかもしれません。

私の歩んでいる道は、遠藤周作氏や親友の井上洋治神父とはちょっと違っています。日本的なキリストの教えを打ち立てたいという考えは私にはありません。もっと広く普遍的なキリストの教え、しかも、今までヨーロッパのキリストの教えが忘れていた、本来あるべきキリストの教えのあり方を再発見しながら、二一世紀に向けて「新しいキリストの教え」を模索したいと考えています。

三日前に私はパリとドイツから帰って参りました。パリでは夢幻能『安土の聖母』(拙作)を上演し、ドイツでは三日間、禅の接心を指導して参りました。そこで非常に強く感じたことは、ヨーロッパの人々は、東洋から学びたいと思い始めたことです。そのようなことは今までにはなかったことで、歴史的に見ても新しい相互の交流の時代が始まったことを実感しました。私たち日本人は、今までヨーロッパから多くを学んできました。今回、パリで上演した能を例にとっても、日本の精神文化には実にすばらしいものがあります。これからは、東西を問わず、共に「新しいキリストの道」を模索する時代が来たと言えます。

今まで書いたことをまとめます。

この本には、三つの目的があります。これから、以下のそれらを踏まえて、話をすすめて参ります。

(1) 日本の諸宗教に導かれて「キリストの道」を理解し、それによって新しい「キリストの教えへの入門」を探る。

(2) すでに信仰をもつキリスト者が、日本の諸宗教を学び、自分の西洋的キリスト教を日本の風土に馴染ませ、信仰を受肉化する。

(3) この二つの営みを通して、聖書に立ち帰り、より普遍的な「新しいキリストの道」を探求する。

目　次

第Ⅰ章

古神道を学び、キリストの道を学び直す

一　古神道の由来

1　日本人はどこから来たか

神道は、今でも日本人の私たちに想像を絶する以上の大きな影響力を持ち続けています。まず、それを自覚するために、昭和天皇が亡くなったときのことを思い出してみましょう。

そのとき、私はローマにいて『朝日新聞』をとっていました。毎日毎日天皇の病状が書かれていない日はありませんでした。それはいつもほとんど同じことばかりで、天皇は半年間も植物人間状態にあったようです。主治医にとって、天皇は神聖で侵すことのできないお方であり、延命装置を取りはずし死期を早めることなどできなかったのでしょう。そこで、医学的に見て治癒不可能な植物人間状態でも、一日でも長く生きるように最善の努力が重ねられたわけです。天皇のいのちは、周囲が一日でも生き長らえさせねばと、全く非人間的な状態に臥されても、無意味な延命処置がとられていたのです。そして、その間あたかも日本全体が喪に服しているように、あらゆる祭りが廃止されました。

私は外国から眺めていたので、天皇に対する日本人の身内意識の強さのようなものを感じました。長崎の本島市長は、世界大戦では、天皇を尊び戦場で勇敢に戦った人でした。しかし、キリスト者として今度の戦争経過を反省したとき、「戦争責任は天皇にある」と結論せざるをえませんでした。当時、本島市長はそのことをはっきり言明したために、自民党から総スカンをくい、選挙協力を拒否され、右翼から脅され、ついに拳銃で撃たれて瀕死の重傷を負いました。

こういう事件が起こることを見ても、日本では天皇制がすごい力を持っていることがわかります。このことは、天皇制を裏で支えている古神道が、まだまだ日本人の心情の中に強く生き続けていることを示している、と言えます。それは保守的な日本人には日本の良い面と思われるかも知れませんが、私は非常に危ない面でもあると思います。天皇制が確立する七、八世紀以前に存在していた宗教（古神道）は、現在でもこのように具体的に日本人の宗教性の根底を成し、それ以後、渡来した仏教や儒教も、古神道の宗教性を無視できませんでした。新しい仏教・儒教は、その土台の上に日本人の心に受け入れられたのです。私は、キリストの教えがこの日本の地に根づくには、古神道を土台に据えて、新しく生まれ変わらねばならないと思います。

ところで、上述のような日本人の精神構造の端緒は、六世紀から七世紀ごろだと考えられています。それは大和朝廷が形成されたころであり、八世紀のはじめに律令国家が成立します。そこで天皇制が確立し、日本国が国家として成立したのです。天皇・日本国・国民が、神道によって結びつけられ、一体化されて離れがたいものとなりました。天皇・日本国・国民のこの一体感を支えるものは、身内意識の心情であって、いわゆるイデオロギーではありません。だから日本人の魂から消えることがないのです。

それ以前には古神道と言われているものがありました。それはかなり普遍的なもので、あらゆる宗教の基礎を形成していたものと同類と思われます。もちろん天皇制の根幹にある神道も古神道に基づいた一つの宗教ですが、ここではそれ以前の古神道に、もう少し光を当てて見たいと思います。そういうものがないと、日本のキリスト者にとっても本当の宗教性は確立できないからです。

これから私が述べることは、国家を中心にした、大和朝廷をバックにするイデオロギー的な神道ではありません。それよりももう少し古い、縄文時代、弥生時代にできた古神道についてです。こういう古神道はどのようにして形成されたのでしょうか。それには大変興味深い点が多々あります。私たちはそういうものを学ぶことによって、本当の宗教性を知ることができます。それがないと、イデオロギー宗教になってしまいます。私たちは謙虚になって、古代の宗教性を追体験する必要があります。とくに、現代人は観念に生きており、宗教はイデオロギーだと思っています。これはキリスト者であると否とにかかわらず、また、信仰を持つ持たないにかかわらず、現代文化そのものがイデオロギー化されてしまっているからです。

そのようなわけで、私たちには古代の宗教性を追体験することが非常に大切になってきます。そのためにも、日本人の祖先が、いつごろ、どこから、どのようにしてこの列島にやってきて、住みつくようになったのかを探りたいと思います。それは、だんだんと現代科学の研究によって明らかになりつつあります。今では、二、三〇年前では考えられないような多くの科学的証拠があげられています。例えば、アイヌ民族や沖縄の人たちはどういう人種か、今までは、あまり定説がありませんでしたが、今では、両方とも縄文時代に東南アジアから渡来した古モンゴロイドであることが判明しています。

今から一一万年前に、ホモ・サピエンスと呼ばれる北京原人とかネアンデルタール人と同じ種族に属する旧人が日本にやってきました。さらに、七万年前には、新人が中国南部から移動して来ました。これは、ホモ・サピエンス・サピエンスだと言われています。彼らは、それまでの加工しやすい安山岩とか珪質凝灰岩などの素材に代わって、珪質頁岩とか黒曜岩という固いものから石刃、スクレイパー、石錐といった工具を作る石刃技法を日本にもたらしました。明らかに新しい文化をもたらしたのです。これらが日本では座散乱木《ざざらぎ》遺跡の一二層、九層の間から出ています。このようにしっかりした考古学的な証拠が残っているのです。その石刃は石核という固まりから、似た石刃を何べんも剝離して作ったようです。このような石刃技法をもたらしたのは北方系の新人、つまり新モンゴロイドといわれる北東アジア系の人たちでした。当時、津軽海峡には陸橋ができ、冬になると日本に渡って来たようです。

その時代は日本列島の気候が激変して、寒冷・乾燥化し、日本海側は湖のようになりました。そのために海面の低下が起こって対馬海流が流れてこなくなり、地続きまでにはなりませんが、津軽海峡のところもかなり狭まってしまいます。だんだん海面が低くなり、黄河の水が海水に流入して海底が無酸素状態になり、生物が死滅するということが起こったのです。そして日本海側には雪が少なくなりました。寒冷化は動物にも変化を起こし、温帯の森林に住むカモシカや鹿、虎、豹のようなものが出てきました。

さらに、鹿児島では大噴火が起こり、一万五〇〇〇年ぐらい前に朝鮮から新しい人が下ってきました。今までは北方からでしたが、今度は南方から東南アジア系の人がやって来たのです。そして中部以北の東日本には、亜寒帯針葉樹林が発生し、縦型の東山型ナイフが使われるようになります。西日本は冷温帯落葉広葉樹林が発生し、横長の国府型ナイフが使われ始めます。このように東西の文化の違いが次第にハッキリと分かれてきます。これは今でも少し残っています。西のほうは暖かいので、石の斧が多く発見されます。そして植物から種子を採っていることがわかります。それは、すもも、チョウセンゴヨウの種子だったことは、その花粉からわかってきました。それが食料になって、ハイマツとかハシバミ、クルミ、栗といったアクを抜く必要のないものがだんだん食べられるようになってきます。こうして、考古学者によって採掘されたものをみると、当時の人々は、植物を採取し、狩猟によって生きていたことがわかります。当時は炭水化物として、木の実を食べていたことも明らかになってきています。

一万五〇〇〇年前に温暖化が起こって、コナラ亜属のツガとか樅とかの針葉樹が増加してきました。そして房総半島の沖の堆積物の調査から判明したことは、寒流の代わりに黒潮が北上し暖流に変わってきたのです。その影響でいっぺんに海の生態が変わってきました。そこから文化も変わってくるというおもしろい事実が次第に明らかにされてきました。そのころ、槍先形の尖頭器が生まれてきます。槍の先でサケ、マスを追って東方へやって来たのです。そして荒屋型彫刻刀が現われます。それに比べ、北海道には小さな石の刃で作った細石刃文化が残されています。北海道や日本海側のバイカル湖人がおそらく北方から日本にやって来たのでしょう。今までは、マンモスのような大きな動物を追っていたのが、温暖化によって、また大量に殺されて急激に減少したため、サケ、マスを追って東へとやって来たのです。そこに大規模な新モンゴロイドの民族移動が始まります。これにもハッキリした証拠があります。有舌尖頭器の槍がたくさん発掘されているからです。これらの槍によって、日本鹿、猪、テン、狸などの動物を刺して狩猟をしていたことがわかります。そして、ブナやナラなどの落葉広葉樹が大きくなって、だんだん上山春平氏が唱える照葉樹林文化と呼ばれる森の文化になってきます。今やこれは定説になっています。日本という国は、平均雨量が二〇〇〇ミリくらいあります。全世界に二〇〇〇ミリ雨が降る所はそうありません。ヨーロッパでは一〇〇〇ミリかそこらです。それも片寄っていて、夏になるとほとんど降らなくなってしまいます。ところが日本は、夏にも冬にも雨や雪が降ります。だから緑が残っているのです。

2　縄文文化と日本人の「白紙還元能力」

一万年前になると縄文時代が始まります。その時、日本海の海面の気温が七度ぐらい急上昇します。そのため冬でも一〇度ぐらいの暖かい温度になります。そこに、シベリアから、マイナス二〇度、三〇度の寒風がやって来、水温との温度差によって水蒸気が立ちます。水蒸気は上に昇っていき、海岸線に大雪を降らせ、この雪が自然界に大きな影響を与えます。すると、寒さを防ぐためブナの森林ができます。ブナの芽が出る三月、四月にはもし雪がなければ厳しい寒さによってブナは育たなくなります。ブナの芽は、雪に守られて零度以下にならないようになっています。今でもブナの原生林が東北地方に残っています。このブナの原生林が植物や動物の宝庫になっているのです。縄文時代七〇〇〇年ぐらいまでブナの原生林に守られたわけです。日本海側はもともと照葉樹林文化でした。照葉樹林は、豊かな実りをもたらし、栗やブナやナラや山菜や、森の動物、川の魚もたくさんいました。紀元前八〇〇〇年、ドングリ類の貯蔵が始まって、家を建て、定住生活が始まります。そして、次第に二〇戸ぐらいの小さな単位の村ができ、さらに縄文時代の最後には水田もできます。稲の水田ができたのは、紀元前三〇〇〇年くらいの弥生時代とされてきましたが、この定説を覆すようなことが今ではたくさん出てきています。縄文末期には、すでに水田が行われていたのです。そこには水田の址や木製の農具、石の包丁が出てきます。そして豚を神に供える農耕儀礼があったことが最近の発見によってハッキリしてきました。

これまでが長い縄文時代の文化として現われたものでした。この縄文時代の文化は、日本の宗教文化の基礎になり、日本人のメンタリティーの基礎にもなっています。上山春平氏の説によれば、日本人はずっといろいろな文化を受容してきました。しかもそれをドロドロにして無構造化して受容する能力をいつしか身につけて来たのだと言います。この能力を上山春平氏は「白紙還元能力」と呼んでいます。この能力の結果、多くの文化、たとえば古代・中世・近代文化、さらに中国文化・韓国文化を、近代では西洋文化さえ驚くべき早さで吸収することができました。しかし、反面、それはマイナスの結果を生みました。一つの統一した体系的な思想を形成することができなかったことです。これは注目すべきことだと思います。

政治学者丸山眞男氏が言うように、日本は体系的な思想、たとえば、儒教・仏教・キリスト教・マルキシズムなどを無構造化し、体系化することなく重層的に受け容れてきました。私が神学を勉強していた時分、イエズス会の神学校に丸山眞男氏を招き、「キリスト教とマルキシズム」について講演をお願いしたことがありました。とても印象深い講演でした。彼は冒頭に「日本にはマルキシズムとキリスト教は絶対に入らない」とショッキングな発言をされていました。なぜなら、キリスト教とマルキシズムはどちらもしっかりした理論的体系を持っているからです。そのような文化体系は、一切を無構造化する日本人には絶対に受け入れられたためしがないと言うのです。私は本当にそうだと思いました。鎌倉仏教に関しても確かにそうです。親鸞は「念仏」に、日蓮は「南無妙法蓮華経」の題目に、道元は「只管打坐《しかんたざ》」の一行に、仏教のすべての教義をドロドロに融かしてしまって、それを一つの行に集約しました。どうしてこのようなことが起こったのでしょうか。それは、おそらく長い有史以来、古墳文化の作られた六世紀までに、様々な民族がそれぞれの文化をもって渡来し、それらが融合されて日本人と日本文化の基礎が築かれて来たからなのでしょう。それに伴って、日本人はいろいろな雑多な文化形態を重層的に受け容れ、一つの体系を構築することができなかったのです。それは、今から一三〇〇〜一四〇〇年前までに形成された無構造化能力によるものだと思います。特に、紀元前一万年前から前三世紀までの縄文時代に、森の文化や海の文化の中で養われたものと思われます。日本は豊かな自然に恵まれ、雨は十分に降るし、植物は繁茂し、動物もたくさんいます。

大きな都市を形成しなかったことも縄文時代の一つの特徴です。縄文時代には非常に精巧な土器が現われました。これらを見ても、相当な文化があったことが伺えます。しかしなぜ、大都市を作らなかったのでしょう。せいぜい七〇戸ぐらいの村しかできていません。そういう山間で人々は豊かな生活を営んでいました。受容的態度というのでしょうか。今あるすべての自然の恵みをありがたくいただく態度が生まれました。彼らにとって自然は、恵みの源泉であり、それは後に宗教性とつながってくるものです。彼らは山里に住み、「森の文化」を形成していきました。有名な縄文土器を作り、隆起線土器を作って、ブナ、ナラの実や山菜、森の植物、川魚を煮炊きする道具として使っていました。貝塚からハマグリ、アサリの貝類やコチ、ハモ、クロダイ、カツオ、マグロの骨が出土しています。これらからも「海の文化」が発達していたことが伺い知れます。それが照葉樹林文化といわれるものです。その時代には、まだ稲がありませんでした。粟が新嘗祭で捧げられていました。西洋人は肉食人種で、日本人は穀物・菜食人種だと言われているのはウソで、動物もたくさん食べていました。なかでも魚介類を多くとっていたことは貝殻の出土からも明らかです。特に貝は神の力を象徴的に示すものと考えられ、呪術とも関係していました。それが神の恵みとして縄文人の心に深く入っていました。

紀元前三〇〇年、そこに新しく渡来人がやって来ます。一万三〇〇〇年ぐらいから、それまでの間に東南アジアからやって来た人たちでしたが、新しく渡来したのは北東アジア人で、現在の日本人とほとんど同じグループに属していると言われます。骨や遺伝子の研究によって、現在の日本人は北東アジア人だとほぼ確定できるようになりました。東南アジアの原住民の系統は、今もアイヌと沖縄人に残っています。それ以外は、ほとんど弥生時代に渡来した北東アジア系統の人です。彼らが持ってきた文化は稲作文化でした。稲作の起源地はアッサム、雲南地方のようです。東南アジア北部に生まれて、長江を経て直接、あるいは朝鮮を経由して北九州から日本海を中心に、関東まで急速に普及しました。

水田農耕は、水の灌漑を必要とし、用具も必要なことから、大変な文化をもたらしたことがわかります。彼らは大集落を作り、養蚕、絹の製法、紡織、さらに青銅器、鉄器、銅剣、銅鐸、銅鏡、勾玉などももたらしました。古墳時代になってくると、これらが権力の象徴ともなってきます。当時、銅剣、銅鐸、銅鏡は祭具だったようです。権力者はもちろん、民衆も同時に渡来し、急速に人口が増えました。その数は確かなことはわかっていませんが、かなりの人たちが渡来したものと思われます。

3　弥生文化と古神道の形成

こうして、弥生時代から六〇〇年間(紀元前三〇〇年—後三〇〇年)、弥生時代人と縄文時代人が共存し始めます。西日本と東日本、または北海道までを含め、文化形態が異なったまま共存するのです。そして互いに触れ合いながら同化していきます。さらに稲作も山のほうにまで広がっていきますが、日常生活は縄文文化の伝統を持ち続け、縄文人の何でも受け容れようとする無限包容的な精神構造を保っています。このようにして白紙還元能力によって、受けたものは全部白紙に還元しながら、新しいものをどんどん受け容れる精神構造ができ上がってきたのです。

縦穴住居ができ、石器・土器が作られ、狩猟も漁猟も同じように行われています。漁猟は川と海の両方で行われました。ヤスリや骨針が出土したことによって、縄文時代にかなり「海の文化」が盛んだったと思われます。ところが山の神の信仰がその基底にあるため、縄文人の基本的な生活様式は「山の里」で営まれています。そこで「山の神」を信仰しています。儀礼的な狩猟をし、祭りの夕に若い男女が性的な交わりをする、歌垣という風習もありました。神は山や樹、あるいは磐座《いわくら》に現われるものとされていました。現在でもそれらは残っています。だから神道の根本的形態には、長い間、神社はありません。神社ができたのは古墳時代になってからです。仏教が渡来し、仏殿ができたので、それに対抗して神殿ができたのです。本来、神道は全く神殿を持ちませんでした。キリスト教も本来、神殿がないと言えるかも知れません。旧約時代のあの長い期間、神殿を持っていませんでした。神殿については後述します。

このようにしてだんだん権力者が増えてくると、社会的政治的統合原理が出てくるようになります。銅鐸とか銅剣は権力の象徴となり、権力者を通じてこうした祭具が用いられるようになります。こうして権力は次第に大きくなりますが、大都市にはなりえませんでした。なぜなら、稲作は社会的な集団でなければできない面があり、水の灌漑や、新田を開拓したり、耕地を耕す作業は、個人でやるのと集団でやるのでは全く能率が違ってきます。農業が高度化してくるにつれ、次第に社会構造や経済構造が必要になってきます。すると家庭で行われていた祭儀も村単位の部族で行われるようになり、それが次第に朝廷で行われるにつれて、祭具も一層豪華なものが使われるようになります。鳥霊や骨占いは弥生文化の中に取り入れられたものと思われますが、弥生時代の象徴的文化形態が形成され、それにともなった新しい世界観が生まれてきた時代です。そこでは、木製の鋤とか鍬が使われ、家畜はまだ使われていなかったようです。そして、農業が大規模になれば、大きな穀倉ができてきます。日本は湿地帯が多いため、高床の穀倉でした。そして、神殿はこの穀倉の形態をとって建設されました。出雲大社などの古い神殿はみな穀倉の形をしています。

古墳時代になると、また渡来人がやって来ます。彼らはやはり北東アジア系で、大陸の先進文化を持って来ます。弥生文化よりもっと大きな権力構造や社会構造を持った、文化の高い民族でしたので、彼らの渡来によって氏族が群雄割拠する時代になります。

この間テレビを見ていましたら、五、六世紀、日本にガラスが渡来した話の放送が流されました。ローマに源を発するガラスと中東に源を発する二系統の由来があり、それが今も近畿地方だけではなく関東にもあることを知りました。私にとって全く新しい知識でしたので本当に驚きました。このようなことがこれからもどんどん発見されてくると思います。このように考えると、日本の文化が渡来文化であることがはっきりしてきます。日本の文化は固有の文化であるという根強い考えが今でもありますが、本居宣長は「からごころ(漢心)」や漢文を嫌い、万葉和歌を好み、大和文化を日本独自の固有文化と考えました。こういう考え方が現代の私たちにもあり、大和文化が日本の固有文化だと思っている人が多いのではないでしょうか。これはとんでもない間違いです。大和文化は多様な文化が重なってできたものです。その一つの証拠に、八世紀に東大寺が建立されましたが、その時の建立事情が記され残されています。それによれば、東大寺を建てた人たちの大部分は、高度の技術を持った渡来人たちでした。建築・仏像などあらゆるものが渡来人によって造られています。多くのものが中国や朝鮮などから持ってきた文化です。その文化なしに大和国家は生まれなかったといっても過言ではありません。それと同じように、『古事記』には道教の影響が根強く残っています。『古事記』は八世紀初めにできたものです。本居宣長に言わせれば、『古事記』は大和心の象徴的な作品だと言っていますが、実は『古事記』は中国の思想が塗り込まれているのです。これらのことから、実は私たちの文化は、多様な文化が雑種的に混合しており、それらによって新しい文化形態を作ってきたと言えます。だからこそ、活力ある文化になったのだと思います。どこの文化もそうですが、多様な文化を摂取して新しいものを作るとき、文化が一番栄えるものです。

これはヨーロッパ文化についても言えることです。ドイツの場合は、ルネッサンスのころは、野蛮国と言っても過言ではないほど文化的には遅れていました。建築、絵画、食生活などにしても、本当の文化はドイツにはありませんでした。それが今ではどうでしょう。バッハの生まれるころ、独特の優れた音楽が多く生まれます。当時のドイツが後進国だから悪いというのではありません。

ドイツはその後沢山の文化を受け入れ、新しい文化を作りあげていったのです。音楽ばかりか、哲学もそうです。ドイツ哲学が生まれました。カントが生まれる前にフランスにデカルトが現われ、その思想がドイツに渡り、ドイツ哲学が生まれました。やがて、フランス革命が起こり、自由・平等・友愛、それに人権などの新しい思想が生まれました。ドイツはそれらを受け入れて、ゲルマン民族独自の思想が生まれてきたのです。いろいろなものを受け入れて、新しいものを作っていくことが、文化を創造するための重大なモメントであることは確かです。その意味でも日本は、歴史的にそういうことをずーっと今までやってきた民族です。近代とて同じです。日本ほど近代ヨーロッパ文化を受け取った国はないでしょう。ただ、ヨーロッパ文化のバック・ボーンであるキリスト教を受容しませんでした。キリスト教は偉大な文化を創造した宗教です。日本が、西洋文化と共にキリスト教をも受容していれば、どれほど優れた文化を創造しえたかわかりません。私は秘かにそう思うのです。

4　古神道とは何か

古代日本文化は雑多文化とは言え、そこには中心的なものが厳然と存在していました。それは宗教的なものであり、非常に大切なものでした。後に神道と呼ばれるものです。神道ともまだ呼ばれていなかった日本古代の宗教を私は「古神道」と呼びます。それが縄文文化の中心であり、ある意味で弥生文化の中心でもありました。弥生文化を形成した東南アジア民族は、農耕文化を持ち稲作を行なっていました。稲は他の植物に比べて恵まれた食物です。おいしいし、多年性で、肥料をあまりやらなくても同じ土地で収穫することができます。今は肥料をたくさん使って大量生産しますが、そのころは今ほど一つの畑からたくさんできず、現在の五分の一くらいだったようです。だから弥生式文化においても、稲作文化が日本全国を支配し、全国に稲が満ちていたわけではありません。これは最近の研究で強調されていることです。約六〇〇年間、縄文文化と弥生文化が共存して、非常にうまくいっていた時代だったと言われています。

この時代の農業は、日照や雨などの天候を絶対条件とし、人間の力に頼るというより、大自然に任せる、あるいは人間の力を超えた神的な力に頼らざるをえませんでした。だから、どうしても宗教的にならざるをえなかったのです。古神道は、雨乞いや五穀豊饒を祈願する祭礼が中心でした。祭りなしに古神道はないと言っていいほど、祭りの宗教でした。教義はありませんでした。古神道がいわゆる神道と言われるものになったときでさえ、教義は発達しませんでした。古神道は稲作農業の生活や祭りを中心とし、次第に共同体を生むようになります。また、共同体を生まざるを得なかったのです。稲作は作業の性質上どうしても共同作業が必要で、灌漑施設や水や土地の争いの調停をするためにも共同体を必要とします。そのために社会的、経済的あるいは政治的な統合原理が必要となり、弥生時代の社会が形成され、その上に古墳文化が生まれてきました。そこに新しい渡来人がやって来て、大きな勢力が周辺を統合して氏族社会ができ、豪族が現われてきます。豪族相互の争いが繰り返され、大体八世紀ごろ近畿地方を中心に大和朝廷ができ、国家を統一するようになります。東北地域を別にして、それは九州、四国、中国、近畿、中部まで全部を統合してできた国家でした。その国家成立のために、大和朝廷は宗教的な根拠づけとして『古事記』と『日本書紀』を編纂し、皇祖神を中心とする神道になったのです。こういう歴史の背景から皇祖神が生まれてきたことをしっかりと認識する必要があります。

古神道は、大和朝廷の根幹にある神道とは違います。大和朝廷の神には、天上界があり、そこに最初に天之《あまの》御《み》中主神《なかぬしのかみ》があって、高御《たかみ》産《む》巣《す》日神《びのかみ》、神《かみ》産《む》巣《す》日神《びのかみ》、そして、宇《う》摩《ま》志《し》阿《あ》斯《し》訶《か》備《び》比《ひ》古《こ》遅神《じのかみ》と天《あま》之《の》常立神《とこたちのかみ》の五神が現われます。その後、七代の神が現われるというような五と七の構造を持っています。これは道教から来ている考え方です。それらの中心には天之御中主神をおいていますが、この神はどこにも祭られていない神です。それは『古事記』を作ったときに作りあげた、天中心の神であり、そこからずーっと経て、太陽神、天照大御神が生まれてきます。天照大御神が天上の神の中心になって、地上を照らす神となります。そこから皇孫が勅命を受けて天皇家として降ってくるのです。その前に国作りの話があります。『古事記』や『日本書紀』の天地開闢の話は、創成されるのは日本に限られていて世界全体は作っていません。ここは『聖書』と比べてみると、たいへん違っていて、おもしろいところです。

『聖書』は、『古事記』と違ってユダヤ人とユダヤの国だけの創造だけを語りません。天と地のすべてのものを創造します。ユダヤ人だけではなく、すべての人間を「神に似せて創られた」（「創世記」一章二六―二八節）のです。

神道では、天皇・国・神はみな神々から作られたもので一体です。神道はこの三つを統括する世界観です。しかしその前の縄文文化、弥生文化の形態は少し違い、天・地・地下の三層構造を持っています。天があり山があります。縄文文化は「山の文化」です。山にともなって海もあります。森があり、そして里があります。そこには、木が植わっていて岩があり貝殻があります。古代人にとっての山は、私たちが受け止めているものとは違う山です。海も貝殻もそうです。古代人は何でもシンボリックに見ます。イマジネーションが非常に発達していて、そのイマジネーションで超越的な神へパッと飛躍できたのです。現代の私たちは、イマジネーションが弱くなっていて、なかなか宗教体験の深いところに至れません。これが現代人の一つの弱点だと思います。

古神道の天は非常に象徴的です。私たちは、天と言えば大空を意味しますが、古代人は大空だけではなく、もっと高い超越的なものをそこに見るのです。地には、森とか山とか海とか峰とか里とか石とか貝殻とか人間などいろいろなものがあります。天と地の他にもう一つ、死者の冥府《よみ》の国があります。これは人が死ねば葬礼が行われ、墓ができます。縄文文化の中でも、墓は高貴な人物になればなるほどちゃんとした墓が出土しています。墓を作ることは当然のことなのです。人が肉親に死なれた場合、その死者はどうなるのか、死者とその行くところ(冥府)が世界観の大きな要素になってきたのだと思います。

このように古神道の宗教体験は、天・地・地下(冥府)の三層構造を持っています。この三層構造は、世界の古代にはどこにでもあったものです。これなしに宗教体験を語ることはできません。原始的な神体験にもそれがありました。地下には恐ろしいものが住んでおり、そこにつまっているものは邪悪な勢力だと思っていました。嵐も洪水も地震や火山の爆発もみな、人間を破滅に追い込む悪の勢力だと思っていたのです。人間はそれらに直面せざるを得なかったのです。それが彼らの世界観の全体像の中に要素となっていったのだと思います。彼らは神体験を中心にして、古代人のイメージで、天・地・冥府の三層を統合しました。縄文人の宗教はすべて呪術だけだろうと普通は考えられます。現代の考古学者たちのほとんどがそう考えており、それ以上の神体験を問題にしていません。

ところが、エリアーデという人はそれらの考えを根底からくつがえしました。彼は『聖と俗』『イメージとシンボル』などのたくさんの本を書いた偉大な宗教史学者です。日本も含めて古代の宗教を全部収集し、それを深く考えた人です。彼は、古代人はシンボルを使いながら神顕現に出会っていると説きます。古代人には深い宗教体験があり、彼らは深い洞察力を持っていたと言っています。彼らが宗教体験を表現する時、シンボルとか祭りとかシンボル的動作を用いたので、普通の学者はそのすばらしい宗教性を見抜けなかったのだと思います。だから、宗教学者は呪術的な宗教性しか古代人にはなかったと言いますが、決してそうではないとエリアーデは強調しています。私はエリアーデの説に賛成です。

5　神道の本質＝「神との対面」

日本の古代人の宗教は、初めは呪術的なものだったと思いますが、文化が発達するにともなって、真の宗教体験になったものと思われます。いつ頃からどのような形でそれらが始まったのでしょうか。おそらく縄文時代から始まっていたと思われます。その形成過程については、「岩波講座 転換期における人間」第九巻『宗教とは』に「一神教と多神教」と題して私は詳しく論じていますのでご参照ください。

ここでは、上田賢治氏が神道の神体験について書いていますので、それを参照したいと思います。上田氏は、神道の神体験は、自然力を神と思うのでもなく、山や海や木などの自然を神と言っているのでもなく、自然の中に神を見るのでもないと言っています。ここは大切な点で、私たちはこの点を注意深く学ばなければならないと思います。上田氏は、神道的宗教においてまず何よりも先行するのは「神との対面」であると言っています。私たちは普通、私たちの世界像の枠組みの中で神に出会うと考えてしまいます。その考えによれば、まず私が存在し、私を取りまく多くの人がいて、東京や日本や大自然や世界や宇宙が存在すると考えます。そのような人間的思考の枠組みの中に自然を位置づけ、その自然の中に神が顕われると考えてしまいがちです。上田氏はそれは本当の宗教体験ではないと言うのです。真の宗教体験では、一切に先行して「神との対面」があるのです。つまり自然があるかないかより先に「神に対面」するのです。これは重要な発言です。なかなか普通の人には読み取れません。聖書的な表現を使えば、「天が裂けて、〝霊〟が降ってくる」(「マルコ」一章一〇節）のです。「裂ける」という表現は、人間的枠組みで考えている「天」が壊れて、神の霊が降り注がれることです。

このことはエリアーデの著作を解釈する場合も同じように起こります。エリアーデの著作集は多くの宗教学者が読んでいますが、自己流の読み方なので間違った解釈をしてしまいます。多くの人は、宗教体験を主観的な体験、つまり、主観の内で起こる心理現象と解釈しています。そうではありません。そのような解釈をしている多くの宗教学者は、真の神体験を経験したことがないと思われます。エリアーデは神が顕われてくると言っています。つまり、私たちの世界観の中に神が顕われてくるのではないのです。神は、そのようなものと全然関係ない所からバサッと直接的に顕われるのです。主観を超えた「真の実在」、神が私たちに顕現されるのです。

これは神道とて同じです。一切に先行して「神との対面」が現存するのだと上田氏は言います。これは、本当に重要な発言です。みな、ここを読み切れません。上述したように、ほとんどの宗教学者は本当の神体験がないので、みな、心理現象と解釈してしまいます。神が顕われた体験のある人ならわかるはずですが、神は万物（大自然・人間・全被造物）が存在する以前に存在している方です。神は人間よりも、また天地万物よりも、先に存在します。そのような方が顕現することは、何よりも先行する第一次的な出来事なのです。人間の心理を遥かに超えた「広大無辺な方」が現われるのです。それは「いのちのふれあい」であると、上田氏は言います。私たちが自然の中に神を感じ取るのではないのです。そこを間違わないようにしなければなりません。ところがほとんどの人はそう考えてしまいます。

特にキリスト者は超越（在って在る方）体験がないと、本当の神に出会えたとは言えないと思います。神がいのちの力であり、つまり、力の源泉であり、自然のうちに在るのです。神のほうが自然より先なのです。自然よりも先なる方が自然の中で私に顕われるのです。ですから、神を直接体験するとどうしても全体知にならざるを得ません。世界・人間から切り離して神だけを体験することは絶対にできません。神の直接体験の瞬間に、その人の意識は神だけに引きつけられるかもしれませんが、その体験の中には宇宙も天地も山も海も人間も動物も植物も冥府《よみ》もすべてのものが神を源として含まれているものなのです。だから神体験をすれば、宇宙も世界全体も天と地も全体が神を中心に統一されていることがはっきりわかります。神体験のきっかけになるものは、あるときは山であり、あるときは稲であり、あるときは生命の樹であり、あるときは人間であるかもしれません。神の顕現が中心なのです。神は、天と地と冥府の三つを中心にしながら、これらの三つを統一するのです。神の顕現する場が中心ですから、それを表現するためにいろいろなイメージを使うのです。それは海であり山であり貝殻であるかもしれません。貝殻は女性の性器に似ているところから、昔から非常に生産的な力を具有しているものと考えられていました。また、磐座《いわくら》、堅固な岩のようにドッシリした絶対動かないものが、神の顕現に出会う徴《しるし》になるのです。それはイメージですから、徴であって、そのイメージを通じて飛躍し、超越的なものにまっすぐ到達するのです。それがイメージの非常にすばらしい点です。

理性で考えると「本当の神は何であるか」を知るには至れません。トマス・アクィナスという中世最高の神学者によれば、理性で考えれば「神は何ではないか」を知ることはできますが、「神は何であるか」を知ることはできません。頭を使うだけではだめです。頭ではなくて、霊に動かされた人間全体で体験することです。これは理性とは違います。そして、そこから非常に大きな力になるイメージが起こります。神体験の前提として、非常に大切にされているのは真心《まごころ》です。神道では、明浄正直、つまり、明き浄き真心を大切にします。神道の人がこれほど大切にしているものはありません。神の前での非常に純粋な情的で根本的な態度のことです。これはどんな宗教体験にも言えることです。

では、神道では何が神の本質なのでしょうか。明き浄き心をもって神と対面するとき、神はどのようなものとして顕現するのでしょうか。日本では、名はそのものの本質を表わすと言われます。『古事記』の中に出てくる神の名をよく調べてみると、神道の神とは何かがだんだんわかってきます。創成する神、つまり成れる神を産巣日《むすび》の神といいます。高御産巣日神《たかみむすび》とか神産巣日神などがそれです。「むす」とは、産むはたらきのことです。また、「日」は、神的な霊力のことです。そして、そのあとにイメージとして、「葦牙《あしかび》の如く萌えあがる物」だと書かれた箇所があります。古代の日本人は、奈良盆地の湿地に萌えあがっている葦の芽を見て、神を直観したのだろうと思います。勢いよく真直に天に向かって生え出ている葦の芽を見て、古代日本人は神の無限の活《はたら》きに触れたのではないでしょうか。「葦牙」のイメージから神の無限の活きに至るのです。つまり、この世界を超越し、「神と対面」するのです。

葦牙という言葉は、非常に重要で宇摩志阿斯訶備比古遅神《うましあしかびひこじのかみ》の名前になっています。天照大御神《あまてらすおおみかみ》の天照もそうです。天を照らす中心的な神で、太陽のイメージを使って無限のものを表わそうとしています。そういうことから神道の神がどんな神であるかがわかるようになったと思います。それは大自然の形成力、この世のすべてのものを生む根源なのです。弥生時代になると、農耕によって得られる大自然の恵みを与えてくれる神を感じ、森の植物も動物も、豊富な川の魚、海の幸を全部与えてくれた母的な神に触れたのです。同時に、神は荒ぶる神でもありました。台風や水害に襲われると、古代人は大自然を通じて猛威を振う神に対して、恐れを抱いたのです。

ここに神道の特徴を五つ挙げることができます。その一つは、祭りの宗教であるということです。神道には教義や聖典がありません。『古事記』には、神々がどんな行いをしたのか、それを見習ってどう生活すべきかが書かれていますが、『古事記』は教義を教える聖典ではありません。『古事記』は、大和朝廷を支える統合原理を宗教的な面から確立する目的で編纂されたことは、今では争えない事実のようです。神道の特徴の二つ目は、農耕によって豊かな収穫を得ることができて、古代人は地母神的な無限包容的な恵みの神を直感し、同時に荒ぶる神でもあることを知りました。この荒ぶる神から怨霊信仰が生じてきます。例えば、疫病がはやったり、地震があったり、天皇が亡くなったりすると、これは左遷され、悲劇的な死を遂げた菅原道真の祟りだと考えるようになったりしたのです。こうなるとかなり呪術的で魔術的な神です。これは現代でもはやっているような信仰形態で、私は本当の宗教体験ではないと思います。

神道の三つ目の特徴は、共同体的な宗教だということです。縄文時代から家族が共同生活をし、次第に村を形成し始めます。そこでは共同で何かをしていくということがありました。そこから、共同体意識・身内意識が大変強くなりました。地縁、血縁でつながる一種の共同体です。これが、現代日本の会社組織に大きな影響を与えていると、ある学者は考えています。日本人はどうしてこれほど経済発展を遂げたのか、会社が自分の身内だという意識が強く、そこにすべてを賭けて身を捧げるところがあるからだと言うのです。それが経済発展を促したのではないかと考えられています。

四つ目は、現世肯定の現世中心主義の宗教だということです。非常に楽天的な宗教です。これは良い面でもあり、悪い面でもあります。罪も汚れも同じにして、お祓いや潔めで直してしまう面をもっています。罪を反省し、本当に回心するような、責任意識に欠けています。だから、あまり罪意識はありません。遠藤周作氏は、小説『黄色い人・白い人』でこの問題を取り上げています。遠藤氏は白人は罪意識が強いが、黄色い日本人は罪意識が薄いと言います。それは直日《なおび》という思想にも現われています。神はどんなものでも直してしまうという楽天的な考え方です。それが社会的にも個人的にも自分の罪を簡単に直してくれる神を信じていますし、そうでない神は、本当の慈しみの神ではないと考えるのです。そこから見ると、キリスト教は罪だ罪だといって罰を与える、厳しい一神教だと考える日本人が多くいます。しかし私は、こういう考え方は人間の現実をよく見ていないのではないかと思います。神道の人は人間の罪の現実を甘く見すぎているのではないでしょうか。例えば、現代の日本社会は、個人的にも社会的にも罪がいたる所にあふれ、闇に覆われていますが、神道からはそれを変えようとする努力が出てこないのです。政治改革などと言っても、倫理的な回心については触れません。だから改革などできるわけがないのです。回心のない所に、新しいいのちは生まれてきません。そういう点で神道の影響力は、今でも現代の日本社会を悪い意味で規定し続けていると思います。

二　古神道から学ぶ

1　加賀乙彦氏の自然における神体験

キリスト者は、自然の中の神体験を神道から大いに学ぶべきだと思います。そうしなければ、キリストがいのちを賭けてもたらした教えは、日本人の血となり肉とならないでしょう。この点を私はキリスト者の皆さんにぜひ訴えたいと思います。

キリスト者加賀乙彦氏の小説『炎都』の中には、自然の中での二つの神体験が描かれています。私は『炎都』を読んで、これこそ本当の神体験だと思いました。前後関係から、この二つの体験は作者自身の体験であることがわかります。二つのうちその一つをここで紹介してみたいと思います。

この物語を通じて、キリスト者は大自然の中でどのようにすれば神を体験できるかを学ぶことができます。

この小説の中には、唯一菊池透というカトリックの信者が出てきます。彼はアメリカ人の神父とともに学生数人と日本アルプスに登る途中、どしゃ降りに遭います。学生の一人が足を滑らせて激流に流され、川の深みに引きずり込まれてしまいます。そこで、透は激流に身を投じて友を押し上げますが、一緒に激しい流れに溺れそうになります。そのとき、流されてきた大木にしがみつき、二人はようやく助かります。助けられた学生は人工呼吸で息を吹き返し、死を乗り越えることができました。そういう体験が描かれています。私は、ここではすでに深い宗教体験があったのではないかと思います。イエスは「友のために命を棄てるほどの愛はない」(「ヨハネ」一五章一三節)といわれ、自らもこの言葉を身をもって実行され、十字架上で人類の救いのために命を献げられました。キリストの弟子はイエスのこの模範に倣って生きるのです。透は自分の命を捨てて、他人のために身を投じるのです。この行為は、キリストの教えから見れば、深い神の愛に動かされているに相違ありません。本当の神体験は、こういうことが前提となって初めてできることだと思います。自分が、本当に家族のために一生を投げうつとか、病人のために身を粉にして尽くすことにより、初めて神体験が起こり得ます。こういう前提なしに本当の神体験は起こり得ないと思います。キリストの教えの根源は愛ですから、少なくとも、キリストの教えによる神体験は、人のために命を棄てるほどの愛がなければ起こり得ないことなのです。

さて、『炎都』によると翌日さらに大きな神体験が起こります。愛の行為に含まれていた神体験が表に現われてきたのだと私は思います。加賀氏はそのときの体験をつぎのように美しく描写しています。

(濃い霧の中を穂高から上高地へ下山する途中、霧が裂け、夕日が射し、虹が立った。青い峰と峰とにかけて壮大なアーチの美しい虹が、灰色の空間に浮かんでいる。形ある充実した光として輝いていた。その時、突然もう一つの虹が現れた。明るい円弧の外側に、もう一つさらに巨大な円弧が現れたのである。透は、二つの虹の描く完全な半円形に魅了された。)「およそ自然界には、太陽と月を除けば、完全な円形はないものと何となく思っていた俺の心に圧倒的な力で反証を突きつけられた。それは曇った心がパッと磨き上げられたような驚きであった。この世の玄妙な現象は、人間の力では到底作り得ない。俺は虹を見ることができるが、太陽を直視することはできない。が、あの虹は太陽なのだ」。

ここが大切なところです。虹を見て太陽だと言うのです。その源である太陽がそこにあるのです。「俺は神を直観しながら、しかし、神は玄妙な虹の現象のうちに自分を現している」。ここが大切です。虹は神の顕現の場なのです。神はそこに自己の存在と本質とを啓示しています。それに続いて、加賀氏は書いています。

「「神は在る」という強い声がこだまとなって響き渡ってきて俺の耳を打った。「神は在る」という声なき声がどこからともなく響いてくる。透の全身心を打った」。

この文章は、加賀氏が文学的に自分の神体験を表現したものです。神体験は、本来表現不可能なものですが、加賀文学は神体験の臨場感溢れる筆致で神体験を表現しているので、それを通して読者は神を感じ取れるに違いありません。

2　神道の祭りから学ぶ

神道の祭りは非常に荘厳なものです。私は神道の祭りは、御神輿を担いでワイワイ騒ぐものとばかり思っていました。それが、神道の古式ゆかしい祭りに与かる経験を通じて変えられました。神道の祭りは想像を絶するほど荘厳そのものです。それに与かってみて、神道には確実に深い神体験があることを知ることができました。私は出雲の佐多神社という古いお宮で御座替え式の神事に与かりました。そのときのことです。真夜中に一〇人ぐらいの神職が白装束でたすきを掛けて現われ、松明の焚かれた荘厳な雰囲気の中、石の上に正坐して長い祈りをします。祝詞を上げ潔めをします。その中心に、宮司がいます。宮司はこの神事のために一週間のお籠りをして身を清め、この祭りに臨んでいるのです。お籠りの一週間の間には、家庭を離れ、森に住み、毎日、完全に新しい火で三度の食事を作り、毎日、海で禊ぎをして身を潔め、髭は剃らず、ボウボウと生えたままです。このように精進潔斎して身を潔めた宮司が神殿に一人で入り、一子相伝の神事を行うのです。宮司が神殿内で何をしているかは秘密ですが、少なくともその雰囲気からたいへんなものを感じました。ものすごい尊敬をこめて神に仕えているという、圧倒させられるような感動をおぼえました。恵みを受けて感謝をするというような甘っちょろいものではありません。一週間かけて身を潔め、神に直接対面するという自覚をしっかり身につけていました。一子相伝、つまり親から子へと五十八代にわたってずっと伝承されてきた神事です。それは非常に清らかで、決して生易しいものではありません。

神殿の荘厳な祭式の後に、社務所で直会《なおらい》の式がありました。お供えした御神酒と食物を下げて来て、皆で一緒にそれを頂きました。本当に静かな深い喜びと平和の内に祭式は進行して行きました。そういうものを経験すると、私は自然の中の本当の神体験はやさしいようで、なかなか難しいものなのだと実感させられました。

特に現代人は、科学的な目で自然を見ますから、自然の中には不思議なものは何もないと思っています。自然の出来事は何でも科学的にわかると思っています。しかし、科学を少し研究すれば、多くのことが未知数のままだということに気づきます。どうしていのちがあるのかもわかっていません。宇宙、大地・海・大空、その中に棲んでいる動植物の数々、そして人間が共生している世界はどうして出来たのかさえわかりません。

今日も上智大学の静かな庭を散歩しながら、とても美しい紅葉を見ました。秋雨の降る中、庭を歩いていますと、真っ赤な紅葉がパッと輝くように繁っているのです。ハッと驚きを感じました。私はそれを観た途端、神を実感しました。こう感じるには、その前に自分を潔めておかなければならないでしょう。本当に自分が完全に死にきる姿勢がなければならないでしょう。そこで初めて神体験できるのです。修道者のように特別なことをする必要はありません。誰でも、日頃から人のためにすべてを献げきっている生活をしていれば、必ず眼が開かれるのだと思います。自分のイマジネーションや感覚を鋭くすることが大切です。イマジネーションとは、例えば今の話で言えば、紅葉から直接受ける感動です。真っ赤な光り輝いている紅葉です。真っ赤に輝く紅葉のいのちに感動し、そこから大自然全体を生かしている根源的いのちに至るのです。この根源的いのちこそ神に他なりません。

3　神道とキリストの道の共通点と相違点

最後に神道とキリストの道の共通点と相違点を考えてみることにします。共通点からはじめます。その一つは、自然の中に神顕現を見ることです。二つ目は、真心をつくし、愛に満ちた幼子になることです。三つ目は、天・地・冥府の三層構造をもっていることです。神道では中心のシンボルとして、神木があり、三輪山や富士山があり、奈良の都があります。『旧約聖書』では、中心のシンボルとして生命の樹があり、シナイ山があり、エルザレムの都があります。『新約聖書』では、十字架の柱に磔刑されたキリストの姿、あるいはブドウの樹や、善き牧者が中心のシンボルです。

キリストの道の何よりも大きなシンボルは、やはり十字架と復活されたキリストです。十字架の木は、生命樹であるとも言えるでしょう。これは、十字架と復活という歴史的出来事を象徴的に示すイメージだと言っていいでしょう。この生命の樹から、全人類に神の永遠のいのちが注ぎ込まれているのです。もちろん、普通のイメージとは違い、そのイメージの中に神的な救済と創造の莫大なエネルギーが充満しています。それによって万物・宇宙・歴史全部を統合するのです。天と地と冥府、しかも神道にない闇の勢力を全部脚下において、それをも転換し、一つの統合的な世界観をもっています。このシンボルにおいても、キリストの道は神道を遥かに越えた相違を示していると言えます。

第二の相違点は、自然の中の神顕現が違うことです。キリストの教えによる神顕現は、自然の中で神に出会うよりもまず、歴史の中で神に出会うことです。キリストの出現や復活の出来事の中で神と出会うのです。そういう生きた経験が土台にあって、キリストと同じように貧しくなり、人のために尽くす生活をしていると、万物のいのちを通して自然が神顕現の場になるのです。この自然の中の神経験が、天地創造という出来事を構想させ、「創世記」を書かしめたエネルギーだったのです。神道では、歴史の中の神顕現はありません。

三つ目の相違点は、『聖書』では、神の主権の前では、人間は完全に死ななければならないことです。神道の神体験は、恐れがどこかにあります。しかし、その恐れは本当の自我までも滅却するような死ではありません。この点では仏教のほうがすぐれていると思います。宗教体験の中で大死しなければならないというのは仏教の中心思想だからです。四つ目は、上述したように、神道には罪意識がないことです。五つ目は、キリストの道の中心は神の愛です。神が私たちをどれほど愛しているかというはっきりした経験があります。神の愛を知っていますから、この愛に背くことに深い罪意識が生まれるのです。神道には、神の無限の愛の経験がありませんから、罪意識がないのです。六つ目は、終末論です。神道は円環思想です。四季が繰り返し、春の稲の苗が生え、穂を出し、秋に収穫され、それに伴って、祭りが催されます。それを年ごとに毎年繰り返します。そこからいつでも同じことを永遠回帰的に繰り返す神事が生まれたのです。自然の循環の中で、神道は成立しています。「山の神」は、祭りの時に呼ばれて里に降りてきます。そして山に帰って、それがまた私たちを守ってくれるのです。毎年毎年それが繰り返されるのです。そこからは歴史は出てきません。したがって変革思想も生まれてきません。その点、キリストの道は、世界を変えていこうとします。人類全体と宇宙全体の救済を願い、それらすべてを統合して、世界の歴史は終末に向かっているという思想です。しかも、その思想からは、歴史を動かし、歴史を変革し生かす活力が生まれてくるのです。その意味で、「キリストの道」は世界を「神の国」（人類と宇宙の神的共同体）へと変革する原動力です。

4 「キリストの道」が示す終末の姿

「イザヤ書」一一章の一―一三節は、メシアの出現とメシアに油注がれる「神の霊」について記しています。特に三―五節ではメシアが「弱い人のために正当な裁きを行い、この地の貧しい人を公平に弁護し、人類の上に平和をもたらす」ことが語られています。六―一〇節では、同じメシアが幼児の姿で描かれ、その幼児が自然界を支配し、平和に導くことを次のように描きます。

エッサイの根株からひとつの芽が萌えいで、その根からひとつの若枝が育ち
その上に「主の霊」がとどまる。
智慧と識別の霊、思慮と勇気の霊、主を知り、畏れ敬う霊。
彼は主を畏れ敬う霊に満たされる。
目に見えるところによって裁きを行わず、
耳にするところによって弁護することはない。
弱い人のために正当な裁きを行い、この地の貧しい人を公平に弁護する。
その口の鞭をもって地を打ち、唇の勢いをもって逆らう者を死に至らせる。
正義をその腰の帯とし、真実をその身に帯びる。

狼は小羊と共に宿り、豹は子山羊と共に伏す。子牛は若獅子と共に育ち、
幼児がそれらを導く。
牛も熊も共に草をはみ、その子らは共に伏し、獅子も牛もひとしく干し草を食らう。
乳飲み子は毒蛇の穴に戯れ、幼児は蝮の巣に手を入れる。
わたしの聖なる山においては、何ものも害を加えず、滅ぼすこともない。
水が海を覆っているように、大地は主を知る知識で満たされる。

その日が来れば、エッサイの根株は、すべての民の旗印として立てられ、
国々はそれを求めて集う。
そのとどまるところは栄光に輝く。

この文章でまず注意すべきことは、メシアが最終的に導こうとしている「神の国」が、牧歌的に描かれていることです。そして、古神道を学んだ私たちは、神道の人々でも共感してくれるものを、そこに読みとれるように思えます。六節では、狼や豹や若獅子などの野獣が、小羊や子山羊や子牛などの家畜と平和に共存し、共生している様子が描かれています。しかも、この六節で最も注目すべきことは、「小さな子供がそれを導く」ことです。メシアの平和が支配するところで働くのは、無力な幼児なのです。イエスの言葉が思い出されます。

あなたたちによく言っておく、心を入れ替えて幼児にならなければ、決して神の国に入れない。
自分を低くして、この幼児のようになる者が、天の国でいちばん偉いのである。
（「マタイ」一八章三―四節）

神道には幼児が神の顕われだという思想があります。この考えに導かれて、この聖書を読むとき、よりよく聖書が理解できるのではないでしょうか。

七節では、熊も獅子も牛も共に草を食べる、と言われています。「創世記」によれば、天地創造の初めには、人間は動物を食べることが許されていなかったし、動物は草食動物でした。すべては平和であり、すべては「よかった」のです。イザヤが未来の終末的な「神の国」を想うとき、神が創造された調和ある平和な世界を思い起こし、メシアの救いのわざによって、この原初的世界が回復され、肉食動物が草食動物に変えられるのを観たのです。

八節では、乳飲み子が毒蛇の穴に手を入れて遊び戯れ、蝮の穴に手を入れても、何の危害も受けない、平和な様子が描かれています。八節までは動物の平和の世界が描かれますが、九節では、人間世界の平和が描写されます。メシアの平和が支配する「聖なる山」では、「何ものも、害を加えず、滅ぼすことのない」恒久的平和が確立されるのです。そして、最後に、主を知る「智慧の霊」に満たされるメシアが到来すると「大地は主を知る智慧で満たされる」のです。

第Ⅱ章

日蓮からキリストの道へ

一　日蓮の人柄と生涯

1 「水鏡の御影」から日蓮の人柄を偲ぶ

日蓮聖人の御影を見てどのような人物像を思い描かれますか。

人間の姿は、その人の人柄や人格を表わしているものだと昔から言われてきました。人の長い間の生活態度や習慣はおのずと人柄を形成し、顔や姿に現われてくるものだと言われます。大宅壮一は「人間の顔はその人の履歴書だ。男は四〇歳になったら、その面《つら》に責任をもたなければならない」という意味深長な言葉を残しています。偉大な宗教家は、その長い道のりで、人格が浄化され、清められて、高い宗教的境涯に達した人々です。当然、その「御影」には、その高い品格や宗教性が反映されているものと思われます。そこで、この本では、毎回、登場して頂く宗教家の「御影」を掲載し、その「御影」をよくよく凝視して、その人柄を偲ぶことから始めて参りたいと思います。

日蓮の御影の中に何が見えるのでしょうか。日蓮の教えとその人生がこのお顔に刻まれていると思います。日蓮は、六一年の苦難の生涯にもかかわらず、親鸞聖人の野武士のような厳しいお顔に比べ、ふっくらとしたお顔をしています。一般に日蓮は、辻説法をし、折伏をして波乱を巻き起こした厳しい人であると思われています。そのためもっと厳しいお顔を想像する人も多いようです。

実は私もそう思っていました。しかし、この「水鏡の御影」を拝見して私の考えは変えられました。日蓮聖人は自らのことを、「日蓮は法華経の第一の行者である」と大言壮語とも思える言葉を述べています。そしてそれに似た言葉がいくつか残っています。これらの言葉を見ると、自信たっぷりで自尊心が強い人という誤解を生ずる可能性が十分にあります。ですから、知識人たちは日蓮があまり好きではありません。しかし、このような自信に満ちた言葉は、後に示すように日蓮の確固たる宗教体験の表白であって、単なる大言壮語ではありません。

知識人とは逆に、庶民は日連上人が大好きです。それは、どうしてでしょうか。日蓮が大変心の温かい人だからです。その書簡が現在、五〇〇通ぐらい残っていますが、みな温か味にあふれており、手紙を受け取った人はおそらく生涯日蓮を忘れることができなかっただろうと思われます。この「水鏡の御影」をよくよく眺めていますと、日蓮がいかに度量の大きい、抱擁力のある、温かい人柄だったかが伺えます。丸まるとしたお顔立ちは、一見西郷隆盛を思わせますが、その違いは深い宗教性をたたえていることです。ことに、大きくて温かな眼は、相手をすべて見透しながらも、その欠点をも温かく見守る人柄であることがわかります。事実、日

日蓮聖人の「水鏡の御影」(身延山久遠寺)(『写真紀行　日本の祖師・日蓮を歩く』佼成出版社, 1992 より)

蓮はその書簡によると、一人ひとりの家庭の事情をよく見透し、ある夫と死に別れた女性には「夫に死なれても、また結婚すれば楽しいことがあるぞ」と励まし、同じ境遇のある女性には「貞女は二夫にまみえずということがある」と戒めています。ふくよかな耳たぶは、あれほどの迫害と苦難を経験しながらも、いかに精神的な豊かさを保つことができたかを示しているように思われます。

2 日蓮の生活

日蓮の故郷は、今の千葉県の安房の国、小湊というところです。日蓮は漁夫の子供として生まれ、それを一生涯誇りにしていました。親鸞も道元も貴族の家柄ですが、日蓮は庶民の子でした。一二歳まで故郷で過ごし、清澄山に登ります。そして虚空蔵菩薩に「日本一の智慧者とならしめたまえ」と立願しています。そこに虚空蔵菩薩が現われ、願いをかなえられた宗教体験を持ったと言われています。一六歳の時、清澄寺《きよすみでら》に出家し、是聖房《ぜしょうぼう》と名のります。そこには優れた学匠がいなかったので、一八歳のときに鎌倉に遊学して禅と念仏を学びます。こうして日蓮は、いろいろなお経を学びながら、いろいろな事をやっています。日本一の智慧者になりたいという、いかにも日蓮らしい願いのもとに勉強に励んだことがわかります。二一歳の時、清澄寺に帰り、『戒体即身成仏義』という本を著します。そのあと比叡山に登って一二年間修行します。比叡山は天台宗ですが、この天台宗で一番大切にされていたお経は『法華経』です。天台智顗《ちぎ》という方が、『法華玄義』『法華文句』『摩訶止観』(この三書は天台三大部として尊ばれている)というすばらしい本を書いて、その学灯が天台宗の中にずっと続いています。日蓮は、比叡山での一二年間に、高野山や天王寺や京都の寺々など諸方を歴遊しました。そして八宗・十宗を学びます。八宗とは、日本における初期の仏教の教理で、十宗とは、それに禅と念仏を合わせたものと思われます。

最後の一年半には再び比叡山に帰り、横川《よかわ》の華光房で一〇年間の学習の成熟を期し、ついに『法華経』こそ真実の仏教であるという確信に至りました。理由はいろいろ述べられていますが、いかにも日蓮らしさが現われています。その一つは、女性を含めたすべての人の成仏です。仏教経典には女性は成仏しないとされているものが多いのですが、日蓮はそれに満足しませんでした。自分の母親を含め、彼の周りの多くの女性信者を思うとき、女性を含め、全人類を救うのでなければ本当の教典ではないことを第一の理由に挙げています。もう一つの理由は、釈尊は久遠実成《くおんじつじょう》の仏であることです。久遠実成の仏とは、永遠の昔から存在し、すべての人類を救おうとされ、この歴史の中に活きつつある仏です。歴史的に現われたのが歴史的釈尊だと言われます。さらに、日蓮は、あらゆる諸仏や日本の天照大神をはじめとする神々までも釈尊の分身だと考えます。日本の諸宗教を自分のもとに包含する点は、親鸞や道元とは様相を異にしています。日蓮は、庶民的な八幡神さえも大菩薩として仏教に取り入れました。そして『法華経』の中でも、南無妙法蓮華経という題目こそ、釈尊の出世（この世界に出現すること）の本懐であるとします。つまり、「釈尊はこの世に生まれた本当の望み（本懐）を末法になって知らされました」ということが、南無妙法蓮華経という題目だと言われます。この題目を一心不乱に唱えることによって、悟りに達し、どんな人でも救われると説きます。釈尊はこのことを『法華経』で教えていますが、日蓮はこれを確信するに至ったのです。

日蓮は三二歳の時、その自覚に基づいて、故郷の清澄寺で四月二八日に立教開宗し、布教を始めます。その時、本当に信仰が決定し、それを公に宣言したと言ってもいいと思います。その翌年から日蓮と名乗り、鎌倉に行き辻説法を始め、松葉ヶ谷《まつばがやつ》の庵室に住むようになりました。日蓮の教えは非常に厳しく聞こえます。念仏に対しては非常に厳しい批判をし、念仏がこんなに栄えたため、今の時代が悪くなってしまったのだと述べます。はじめのうちは反対する人がかなり多かったのですが、帰依する人もたくさん出てきました。下総の富木《とき》与郎、太田金吾、曽谷《そや》教信、鎌倉の四条金吾頼基、甲州の波木井六郎実長といった武士たちが沢山日蓮の弟子となりました。この中でも四条金吾は、非常に愛された弟子でした。彼に宛てた手紙が三五通も残っていることからもそのことがわかります。

3　度重なる迫害が深い宗教的自覚を生む

三八歳の時、『守護国家論』を書き、翌年には『立正安国論』を書きます。この本の趣旨は、今この時代は乱れている、国の安泰を危うくしているのは、正しい仏教が伝えられていないからだ、今こそ正しい教えである『法華経』に帰らなければならないということです。日蓮はこれを北条時頼に上奏しましたが、無視されます。後にこの『立正安国論』は非常に有名になり、反対の意見もたくさん出てきて、法難に遭い、庵室が襲われて焼かれ、危うく命を落としそうになります。これが八月二七日に起こった松葉ヶ谷の法難です。

そして、四〇歳のとき、ついに伊豆に配流されます。この伊豆の生活はかなり悲惨でした。そのことは手紙の中に書かれています。信者たちが衣服や食べ物、お酒などを送ってくれます。日蓮は寒さをしのぐためにお酒を飲みました。本当に心と体が温まり、送り主に対する感謝の念が湧いてくる、そういう内容の手紙を書いています。それも『法華経』の功徳によって、と付加されています。ただ単に、送ってもらったからうれしいのではないのです。送り主が『法華経』を信じ、『法華経』の力によって布施をし、『法華経』の行者である日蓮を助けることによって信仰が証されたという意味ですばらしいと述べているのです。

伊豆への配流という受難に遭い、信仰はますます固くなって行きます。これはキリストの道にとっても非常に大切なことです。『法華経』の中に、『法華経』の行者は必ず迫害されると書かれています。その予言が自分の身に実現したのです。その結果、日蓮は『法華経』に書かれている言葉が真実であることをこの身（人間全体）で知ったのです。そこで、日蓮は頭だけで『法華経』を読んでも十分にわからないことや、『法華経』の真実を知るために、体全体で『法華経』を読まねばならないこと、そこではじめてその真実の意味を悟ることができることを体験しました。このように体で『法華経』を読むことを日蓮は色読と言いました。色というのは体のこと、感覚のことです。その表現によって日蓮は体を通して深い宗教体験に恵まれ、歴史的苦難の中で『法華経』の真理を確かめたのです。この宗教体験に基づいて『四恩鈔』を書きます。そこでは、『法華経』を色読したその功徳をもって一切の衆生、父母、国王、三宝（仏と法と僧）の四つの恩に報いたいことを切々と説いています。このことからも分かるように、日蓮の教えの中で報恩が重要な要素になっています。キリスト者は恩という言葉をあまり使いませんが、日本人として恩はなかなか良い言葉で、キリストの道の体系の中に入れてはどうかとさえ、私は思います。

イエス・キリストの恩を感じ取り、人々にその恩を分け与え、人々が報恩の念にかられてキリストの道に従って生き、人々にもこの道を普及しようと努めることです。このような形で恩を強調することによって、キリストの道はもっと日本人の心を動かすものになるのではないでしょうか。

日蓮は足掛け三年間、伊豆に流されていました。寒い寒いひどいところだったようです。この御影からもわかるように、日蓮は非常に壮健な身体をしていました。ほとんど苦労のあとがみえないほどです。しかも、こんな悪条件の中でこのようなふくよかなお顔をしているのは、非常に深い宗教体験があり、その超越的力が身体にあふれていたからだと思われます。それ無しにこれだけのものを持つことはとてもできないと私は感じます。宗教体験を持たない人たちは、日蓮の言葉、すなわち熱狂的な、エキセントリックな、自信に満ちすぎた言葉が、宗教体験から出ていることを読み取れないことでしょう。

他宗教を理解するには、その宗教を信ずる人で深い宗教体験を持っている方々の解釈した本を読むのが一番良いと思われます。その一つに、日蓮に関してお薦めしたい本は、茂田井教亨氏の書かれたものです。茂田井教亨氏は、キリスト教神学を勉強して、日蓮を解釈しています。バルトを勉強し、バルトの言葉に関する深い神学的理解を学び、『法華経』の解釈を書かれています。キリストの言葉を深く理解しながら、日蓮を新しく考え直しておられます。単独者として神に対峙する傾向のキェルケゴールに関しては、他の人々のために働くということが出てこない点で批判しています。それに対して、日蓮は、仏陀が一切の衆生のために生きたように、自分も一切衆生を救おうと全身全霊を献げ尽くしました。

日蓮は、四二歳のとき伊豆配流を赦免されて鎌倉に身を寄せ、翌年故郷に帰省します。そこで、一一月一一日に東条景信に襲撃されます。これが小松原の法難と言われるものです。このとき日蓮は、死にかけるほどの傷を負い、弟子の一人は防戦して殉教しています。その襲撃によって日蓮は、ますます自分は『法華経』の行者だという自覚が深まります。これも日蓮の宗教性の重要な面です。そして蒙古の来牒があります。日本に対し、なぜ挨拶に来ないかという蒙古からの手紙です。そのことを聞いた日蓮は、『安国論御勘由来』という意見書を一一通書き、執権の時宗などに送っています。日蓮はそれによって必ず迫害されることを覚悟します。そして弟子たちに廻状を書いて、迫害の覚悟を促します。案の定、五〇歳のときに逮捕、尋問されて、佐渡へ流されます。そして九月一三日、有名な龍口法難があり、殺されかけますが、折からの激しい稲光によって助かります。

4　『土籠御書』に現われた日蓮の人為《ひととなり》

一〇月一〇日、日蓮は佐渡に流されます。佐渡配流に際して、愛弟子日朗に『土籠御書』をしたためます。大変感動的な文章で書かれており、私の大好きな書簡です（拙著『公案と聖書の身読』春秋社、参照）。私は身読という言葉を日蓮から学びました。日蓮は色読という言葉を使っていますが、私はその意味をとって、色読を身読に直しました。身読とは、身体で読むことです。『土籠御書』は、日蓮の佐渡流刑にあたって、土牢に入れられた高弟日朗に宛てたすばらしい書簡です。

「日蓮は明日佐渡の国にまかるなり」。この一言に日蓮のおかれている状況がにじみ出ています。「今夜のさむきにつけても、ろうのうちのありさま、思ひやられていたはしくこそ候へ。」日蓮も日朗も寒い寒い土牢の中にいるのですが、日蓮は自分のことよりも日朗の事をまず考え、牢のありさまが、思いやられていたわしいと、語りかけます。しかし、これは人間的な同情だけでそう言っているのではないのです。「殿は法華経一部を色心（身と心）二法共にあそばしたる御身なれば、父母六親一切衆生をもたすけ給ふべき御身也。」牢の中で苦しんでいる弟子の日朗に向かって、日蓮は自分の宗教的確信を述べています。『法華経』の行者は必ず迫害されます、それを身体でもって読み取り、『法華経』で言っていることは本当だと、苦難の真っ只中で身に滲みて感じ取るでしょう。あなたはそういう事によって、父母や一切の衆生をたすけていると説き、あなたはそれほどの身なのですと、日蓮は日朗に切々と語りかけます。「法華経は余人のよみ候は、口ばかりことばかりはよめども心はよまず。心はよめども身にはよまず。色心二法共にあそばされたるこそ貴く候へ。」法華経を読む人の多くは、口だけで読んでいる人か、心だけで読んでいる人かのどちらかです。身体と心の両方で読んでいる人は滅多にいないものです。あなたはそれをなさった貴い人です。

そして次に、迫害について記された『法華経』の言葉が述べられています。「「天諸童子　以為給使　刀杖不加　毒不能害」と説かれ候へば、別の事はあるべからず。籠をばし出させ給候はば、とくとくきたり給へ。見たてまつり、見えたてまつり、見えたてまつらん。恐恐謹言。」最後の言葉は非常に日蓮らしいものです。「もし、牢から出られたなら、すぐ私の所へ来てほしい」と言います。弟子に対する手紙というよりも、『法華経』を身心全身で読み、一切の人を救済する人になった日朗への尊敬の念がにじみ出ている書簡です。日蓮という人は、いつでも温かい書簡を書きながら、教えを説く人でした。そこがすばらしいところです。日蓮の宗教体験は非常に現実的なものでした。それは、歴史の中で体験するものでした。このことは、キリスト者が、現代社会の問題と関わる際に、日蓮と同じように身体で『聖書』を読むことを教えてくれます。この点については後述します。

佐渡に配流中に、『開目抄』と『観心本尊抄』という、二つの重要な書物が書かれます。ここに日蓮の宗教体験の高まりを見ることができます。それは、キリスト者が、日蓮から学んだ歴史観を持つようになったことからもわかります。両方の書物について、詳しく触れることはできませんので、『開目抄』について述べることにします。日蓮は、配流先の佐渡で苦労してこれらを書くのですが、その御影を見てもわかるように、彼の精神力は並外れていました。苦難の中で『開目抄』を書き、『観心本尊抄』を書き得るほどの人でした。この点で私は非常に感動しています。なぜなら、私は身体の調子が悪かったり、精神的に打ちのめされたときには、論文がなかなか書けません。また、論文を書こうと思うときには、非常に苦しんで二、三カ月間スランプになりながら、苦難の中から抜け出したとき、初めて書けるからです。日蓮もやはり苦難を乗り越え乗り越えしながら書いたのだと思います。寒さと闘い、貧しさと闘いながら、このような立派な書物を書くことができたのだと思います。そこからも、この方の宗教体験の真実さを伺えます（もちろん、私たちキリスト者から見ると、どうもうなずけないというところもありますが、これは偉大な日蓮に対する非難ではありません。日蓮も時代的な限定を受けているのだと思います。例えば、激烈な言葉で他の宗派を非難攻撃をすることなどがその一例でしょう）。

佐渡への配流から赦免されて、日蓮は鎌倉へ帰ります。そして驚いたことに、あれほど剛直に鎌倉幕府に訴えかけていた日蓮が、五三歳から身延《みのぶ》へと隠棲してしまいます。親鸞も関東の布教に成功していましたが、京に帰って隠棲生活に入ったように、日蓮は身延の山中に隠れます。どうして日蓮は身延へ隠れたのでしょうか。それには、次の四つの理由があったようです。その一つは、三度鎌倉幕府に諫言したにもかかわらず、もちいられなかったこと、二つ目は、山林に隠れることは、仏教の中で長い伝統があること、そして、山中で深い宗教体験を熟成させるためでした。さらに三つ目は、蒙古襲来によって国が攻められ、多くの人が亡くなります。それによって残された衆生を助けようとしたこと、四つ目は、弟子の育成でした。いろいろな人をいろいろなところへ布教に出しますが、その後は必ず身延に呼び返し、そこで共同生活をし、弟子たちを養成しました。その年に二度蒙古が来襲しましたが、そのことは『立正安国論』で予言した事の実現でもありました。

二　日蓮の教え

1『立正安国論』を書いた理由

ここで『立正安国論』に触れておきたいと思います。日蓮が出家する理由に、大疑の解決がありました。それはどういう疑いだったのでしょうか。当時、日本全体の治安が揺れ動かされていました。政治は乱れ、天皇や、法皇など、いろいろな重要な人物が殺されました。その上、関東大震災よりも、もっと大きな震災が起こりました。さらに暴風に襲われ、日本全体が本当に疲弊してしまいました。また、彗星が現われ、大きな異変が起こる前兆と考えられ、人々は恐怖に襲われました。どうしてこのようなことが起こるのかと、日蓮は疑団（修行の上で起こる疑問）を起こし、その原因を探ねて、一所懸命お経を研究し始めます。こういうところは、親鸞や道元と少し違うところです。日蓮は経の優劣を問題にしますが、道元は経の優劣は問いません。日蓮はお経にどんなことが書いてあるか、今の自分たちが経験していることをちゃんとお経に書いてあるかどうかを調べあげます。そして、本を読み、いろいろなところへ行って調べ、長年研究します。その研究の結果、書かれたのが『立正安国論』です。

この書は、対話形式で書かれています。旅客と主人との問答形式になっています。旅の客が、こう世の中の状況がどうして生じてくるのかを問うと、主人がお経をあげながら、諄々と説いて行くのです。それも『法華経』と「南無妙法蓮華経」という題目が、お釈迦様の出世の本懐であることがわかった立場から説かれています。こういうことがあった上で、今度は『開目抄』『観心本尊抄』を書くのですが、そこでは日蓮の宗教体験が最も深まってきています。

蒙古の来襲があって、『立正安国論』の予言が的中します。この予言の的中は、彼の宗教体験によれば、『法華経』の言葉が現実の世界の中に実現したことを意味します。その結果、日蓮は『法華経』は本物であり、それを信じ行じている自分が本当に上行《じょうぎょう》菩薩の分身であるとの自覚に達します。上行菩薩とは、末法の中で地下から湧いてくる菩薩の一人で、釈迦から『法華経』を伝える使命を与えられた人です。この人がこの日本に生まれ、それが自分であることを自覚します。日蓮は、この自覚を示すために大曼荼羅を書き、その真ん中に南無妙法蓮華経と書きました。これが本尊で、その中にお釈迦様をはじめあらゆる仏様が包摂されています。このようにして仏国土全体である世界全体を表わしています。

2 釈迦の本懐と日蓮の末法思想――キリストの終末論

一念三千という教えがあります。この一つの念の中に三千の世界があるという意味です。つまり、一つの思いの中に全宇宙が含まれているという教えです。これは天台宗の天台智顗という方が述べています。この一念三千を観想するのが天台宗の行です。これを観想し念じて練るわけです。私の今の一念の中に、全宇宙、あらゆるところとあらゆるものがそこに含まれているという体験が一念三千という教えです。ところが実際のところ、それは難しい観想です。そのような宗教体験に至る人はごくわずかです。禅の修行で言えば、坐禅をして万物と一体になるのが禅の宗教体験です。万物は三千に当たります。この禅体験のように、天台宗でも一心に坐禅をし、身心を浄化して、ついに自分が全宇宙、全世界と一体になることを体験するようになります。これが天台の教えです。しかし、昔はこの修行方法でも良かったかもしれませんが、末法の今の時代には、この修行方法は通用しなくなりました。

仏教は三つの時期に分けられます。まず、正法《しょうぼう》の時期、これは釈迦が生まれて千年の間、正しい教えが述べ伝えられていた時期です。つぎは像法《ぞうぼう》の時期、これはその後の千年間で、正しい教えの形だけが残ってしまった時期です。そして末法の時期、これは正しい教えは残っていても、どんなに修行しても悟りに達することができなくなってしまった時期です。ところが末法の時期に、貧しい人々、無学文盲の人たちも救われる方法が与えられました。このような末法思想を教える点では、日蓮は親鸞とよく似ています。道元には末法思想はありません。日蓮は末法の今こそ、本当の教えがある時だと考えています。親鸞や道元と歴史観が違うのです。末法の今の時代には、この難しい一念三千はできないけど、「南無妙法蓮華経」を一心に唱えれば、その一念の中に、三千世界は含まれてしまう、それが釈迦の本懐だと言います。すべての人はその題目を唱えることによって救われます。それは同時にお釈迦様のはたらきです。その一念の中に、釈迦如来が顕現してくることを日蓮は体験し、それを力強く人々に教えたのです。それを具体的に表現したものが十界曼荼羅です。これは晩年に書かれたものですが、信者はこの曼荼羅を拝みながら題目を唱えることによって、一念三千の境地にたやすく到達することができると日蓮は説きました。

日蓮の時代にあった蒙古の来襲は、幸いに神風といわれている出来事によって救われます。しかし、この事件によって、彼はますます『法華経』の予言が自分を通じて自覚されたとの確信を深めます。彼の自覚は現代人の自覚とは違います。『法華経』の中に現われている釈迦の本懐が自分を通じて現われたことを確信します。このことは後述するように、「キリストの道」を考える上で、非常に大切なことです。

上述した日蓮の教えに相応する思想が「キリストの道」です。それは二つあります。一つは、日蓮の正法・像法・末法の三時思想は、キリストの教えた「神の国」の三つの発展的段階に相当します。第一段階は、キリストの「神の国」の福音が宣べ伝えられはじめ、「時が満ちて、神の国が近づきつつある」(「マルコ」一章一五節)時です。「時が満ちる」とは、神が定められた時が到来したという意味です。この時は、ユダヤ民族のみならず、全人類が救われる決定的な終末の時なのです。この時が、終末的な時と言われるのは日蓮の末法思想(仏法の衰退によって、災害・戦乱の続発)とは違い、全人類の救済のために、神がイエスをメシア(救い主)としてこの世界に遣わされた時を意味します。この時以来、別の救済の時を待ち望む必要が全くなくなりました。今こそ、救いの最後のチャンスだという意味での終末です。

この終末思想の背後には、日蓮の末法の時代と似ている事態が前提されています。日蓮は正しい教えが守られていないため、災害や戦争が起こり、人民が苦悩し、国は滅亡するのだと考えます。それに似て、『聖書』は人類が神の御意志を尊重せず、罪を犯しているから、病気・災害・戦争の悲惨な状態に陥っているのだと教えています。日蓮と違うところは、『聖書』では、神は人間の悲惨な状況を御覧になり、独り子イエス・キリストをこの世に送り、人類を罪の悲劇から救い出し、「神の国」へ導かれつつあると説きます。

その「神の国」は、「近づきつつある」と微妙な表現が使われています。それは、「マタイ」一二章二八節、「ルカ」一一章二〇節のイエスの言葉から、「神の国」はすでに実現していると同時に、この国は発展し、世の終わりに完成されるという発展的側面をもつからです。そこで、終末には三つの時間的側面があることになります。それは、すでに救いが成就した現在の時と、救いの神の業が進展している今の時と、救いが最終的に完成される未来の時の三つです。この三つの時をそれぞれ、現在的終末、発展的終末、未来的終末と呼ぶことができます。しかも、「神の国」は、神からの無償の恵みですが、人間からの協力によってのみ実現します。「神の国」に入るには、私たちは「悔い改め」(「マルコ」一章一四節)、「幼児になる」(「マタイ」一八章一－四節)、また、イエスがしたように、「友のためにいのちを棄てるような愛を実行する」(「ヨハネ」一五章一三節)必要があります。ですから、これら三つの終末は神の救いの業の時であるとともに、人間が神の業に協力する責任を果たすべき時でもあるのです。

もう一つの類似点と相違点は、『聖書』の終末論的読み方です。日蓮が『法華経』を相応した状況に当てはめて身に染みるように具体的に新しく読み直したように、キリスト者も『新約聖書』を私たちのおかれている状況に当てはめながら、読むことができます。このような読み方は、現在的終末論的読み方と言われます。具体例を述べましょう。

イエスは難しい説教をなさいませんでした。むしろ、たとえ話で民衆に語りかけるのを好まれました。現代の聖書学が明らかにしたところによると、『新約聖書』が伝えているたとえ話の多くは確実にイエスの語った言葉です。たとえ話は、当時、民衆が誰でも経験したことのある日常生活の出来事から出発します。その出来事を媒介にして、聴き手の魂を「神の国」の神秘的出来事に飛躍させるのです。ですから、たとえ話は二つのドラマから出来ています。一つは人間誰もが経験するドラマです。このドラマは表面的に見れば、人間のドラマなのですが、実はそれは神が隠れた主役を演ずるドラマです。イエスのたとえ話は、現在の私たちも巻き込まれているドラマティックな出来事を語って、私たちを「神の国」へと導き、その国に生きる至福を味わせようとしているのです。ですから、たとえ話は、それを読む私たちをもドラマの登場人物にしてしまいます。少なくともそのような「活き《はたら》」を内に秘めたドラマとして、イエスの語った二つのたとえ話を心静かに一緒に読み、深く考えてみましょう。

天の国は畑に隠されている宝に似ている。

それを見つけた人はそのまま隠しておき、
喜びのあまり、持ち物をことごとく売り払い、
その畑を買う。
（「マタイ」一三章四四節）

もう一つの似たたとえ話があります。両方を照らし合わせるとよくわかりますので、それも一緒に読みましょう。

また、天の国はよい真珠を探し求める人に似ている。
その人は高価な真珠一つを見出すと、
持ち物をことごとく売りに行き、
そしてそれを買う。
（「マタイ」一三章四六節）

この二つのたとえ話には、注目すべき四つのポイントがあります。第一のポイントは、人は「宝」を探し求めますが、それは「畑に隠されている」のです。第二のポイントは、とうとう「宝」を「見つけ」ます。第三のポイントは、しかも「持ち物をことごとく売り払う」のです。第四のポイントは、「その畑を買」います。

人間はこの地上にある限り、意識しようがすまいが、誰でも「宝」や「よい真珠」を探し求めて

います。ところが、なかなか「よい真珠」は見つかりません。ある真珠は一時的には気に入りますが、人間の全身心を満足させ、至福をもたらすような、本当の「良い真珠」ではないのです。人間の魂は全身心を至福で満たすようなものを求めて止みません。「天の国」こそ、全人間を至福で満たすものですが、それは畑に「隠されている」のです。「畑」は人間が生きるために、いつも耕しているところです。そこにこの貴重な「宝」が隠されています。普通の人の眼には、その「宝」は時として汚れた石ころのように見えるかもしれません。

このことがわかるために、大江健三郎氏のことを考えてみましょう。彼は東大在学中に芥川賞をもらい、すばらしい作家生活に入ります。ところが、或る出来事に見舞われるのです。はじめて生まれてきた長男が、障害児だったのです。大江氏はその時には知りませんでしたが、その子は実は「隠された宝」だったのです。彼はこの障害児の誕生という出来事に戸惑い、苦悩します。そんな時、広島に行き原爆病にかかりながらも、その悲劇を引き受け、そこから立ち上がり、輝かしい姿をした人たちに出会います。その人たちの勇気ある生き方に励まされ、大江氏は自分もその障害児と共に生きる決意をします。多くの障害を乗り越えて、その子を育てて行くうちに、実はその子が「隠された宝」だったことを知るようになります。つまり、大江氏は無意識のうちに、「宝」を探し求めていたのです。そして、障害児の誕生という、思っても見なかった出来事の中に「隠された宝」を「見つけた」のです。大江氏は「すべてを投げ捨てて」その子供を養う決意をします。この障害児は大江氏にとって人生を照らす「光」となり、この子を通して神から「恩寵《グレース》」を頂くことになるのです。

この大江氏に起こった出来事には、イエスのたとえ話の四つのポイントが刻まれています。⑴「畑に隠されている宝」、⑵苦労してその「宝」を見つけた、⑶「持ち物をことごとく売り払う」、⑷その「畑」を買うことです。この最後のポイントを、もう少し説明しましょう。例えば、「宝」を買うとは言わないで、「畑を買う」と言っています。買わなければならないのは、「宝」ではなく、「畑」全体です。「畑」とは、私たちが買わなければならない生活全体です。ある人にとって会社の仕事であり、ある人にとっては吾が子を養うことかもしれません。この生活全体に神の救いの「活き」が及んでいます。神は人間の生活全体を「神の国」にしようと、私たちと共に働いておられるのです。神が救いの業をなさっているところが「天の国」ですから、「天の国」は、死後に訪れる楽園ではありません。私たちが生きているところが「天の国」です。私たちの眼には「畑に隠されている宝」のように、隠れています。その「宝」を「見いだす」ために、人間は不幸・逆説・挫折などの苦境に立たされなければなりません。生活に恵まれ、何の苦労もなく順調に生きることができる時には、人間は「隠された宝」を探そうとしません。しかし、死や挫折、場合によっては障害児の誕生とか、人間の有限性を痛いほど思い知らされる出来事に見舞われ、「畑（日常生活）」に「宝」が「隠されている」ことを発見するのです。

3 日蓮の『法華経』の身読と聖書の身読

日蓮は三大秘法を説きます。秘法の一つは本門の本尊（十界曼荼羅）、これは久遠実成《くおんじつじょう》の仏としての釈尊こそ本尊であるという教えです。次は、本門の題目（南無妙法蓮華経）、それを唱えることによって、化他《けた》、つまり他者を救いへともたらすことができると説きます。題目を唱えるという単純な行が、成仏を実現するだけでなく、同時にその功徳によって多くの人たちに救いをもたらすものとなります。この題目の中には、他の人々を救うことのできる非常に神秘的な力が込められているのです。これと似たことがキリストの教えにもありますので、後ほど省察してみたいと思います。

第三に、本門の戒壇があります。創価学会などで問題を起こす原因にもなっていますので、よく理解していただきたいと思います。日蓮の学者たちは大方、創価学会の戒壇の理解は浅く、日蓮の考え方ではないと言っています（これは私の創価学会批判ではありません）。日蓮を研究する学者たち、本当に体験のある学者たちの言葉によると、戒壇とは、戒を受けたり授けたりするために設けられた壇のことです。その戒壇は具体的に言えば、「南無妙法蓮華経」が日蓮にとっての戒なのです。そこにすべての戒の功徳が含まれていると日蓮は説きます。これはなかなか面白い考えで、この題目を唱えるという簡単なことにすべての功徳が備わっています。これこそ『法華経』がお釈迦様の本懐を具体的に表わしたものだと説きます。『法華経』とは、ただ釈尊の願いが現われているだけではなくて、お釈迦様それ自体であると日蓮は考えます。この考えは道元の中にも現われています。『法華経』は釈尊の本懐が書いてある書物ではありません。本懐こそ釈尊のいのち、釈尊そのものです。『法華経』は釈尊の本懐の具現化ですから、『法華経』は釈尊の尊いいのちそのもの、釈尊の生ける身体そのものだと日蓮は考えたのです。

私も『聖書』を読むとき、日蓮に倣って、読まなければ本当ではないと思っています。大体私たちは『聖書』を読むときに、キリストの人格をその具体的な肉体を持った、肉になられた方と離して考えてしまうきらいがあります。そうではなくて、言葉とは肉になられた御言葉です。もう肉になっているのが御言葉ですから、日蓮が言う『法華経』がお釈迦様の身体そのものという考えと大変似てくるのではないかと思います。キリストの道の理解の中で私が考え、いろいろなところで書いていることを改めて述べてみたいと思います。「ヨハネの福音書」の中に、「御言葉は肉になられた」(「ヨハネ」一章一四節)とあります。その御言葉は、御父の御言葉です。言葉は、ただ人間がしゃべる言葉ではありません。とくに御父の愛を表現する御言葉、「御父」の「愛の活き」を表現する「御言葉」です。「活き」と「御言葉」は分かれていません。存在そのものからも、実在そのものからも離れていません。それが肉、人間になられたのです。そうするとその肉から出た御言葉や行いは、それらの言葉や行いの元にある御言葉、「肉になられた御言葉」(受肉した神)の表現に過ぎないのです。そして、私たちが『聖書』を読むときには、その行いを見、言葉を聞くわけですが、そのとき、大切なことは、それが出てきた源を私たちは見なければなりません。それを読むのが『聖書』だと思います。それがわかると『聖書』の読み方が本当に変わってくると思います。つまり『聖書』を読むときに頭で、イエスはこう言った、こんなことを行なったと二千年前の話を聞き、考えるのではなく、その言葉を発する源に遡り、今私たちと「共におられる」方を聞くのです。

キリストは、「私は道である」（「ヨハネ」一四章六節）と言われます。この言葉は、今、キリストは私たちと共に住まい、私たちの活動の原動力となっておられる方である事実を指しています（私の『道の形而上学』の一番中心的な思想です）。その方が今私たちと共におられる、私たちと同行二《どうぎょうに》人《にん》して旅をしてくださっているのです。遠い所におられるのではありません。私たちと共に今、現実的に、この歴史の、この時代の中にいらっしゃるのです。しかもその方は、抽象的な方ではありません。『聖書』によるとこんなことをおっしゃり、こんなことをなさいました、というだけではありません。そういうことをおっしゃり、そういうことをなさった方が今ここにおられ、創造と救済の「活き」をなさっておられるのです。『聖書』に書かれているイエスの言葉は、今、ここで創造と救済の御業を私と共になさっておられます。今、そのお方が語っている言葉として聞くのです。例えば、人類の救済のために十字架上で亡くなられた、とキリスト者は考えます。しかし、それを横の方から眺めるのではないのです。特にキリスト者でない方は、キリストは全人類のために十字架にかかって復活したことは、わかりにくい教えだなあ、と感じるのではないでしょうか。その理由は横から眺めているからです。

日蓮は絶対に横から眺めるような『法華経』の読み方をしません。お釈迦様は御自分の本懐、願いを「今ここに」実現しているのです。身体ごとそれを読むのです。今この時点の中で、迫害されながら、それを感じ取り、勇気を出して乗り越えていく、その中に働いているお釈迦様の本懐を読み取るのです。同じように、キリスト者である私たちは、十字架というものを本当だなと信ずることができるのは、客観的に勉強して、なかなか良い教えだな、愛はすばらしいな、といった感じだけで受けとめるのではないのです。もちろん信仰入門としてそれは必要かも知れません。しかし、それにとどまる限り、本当に『聖書』を読んだとはいえないと思います。「私に従いたい人は日々十字架をになって私に従いなさい」と言われたキリストに従い、十字架をになってはじめて、『聖書』がわかるのです。その時はじめて、「ああ、私と共にキリストが十字架をになってくださっている」ことを体験するのです。その体験を通して、キリストの十字架のすばらしさは、今、名もない罪人である私に実現しているのです。この体験はただ私の中で起こる個人的な事柄だけではなく、全世界の人の中に実現しているのです。ですから、十字架は全世界を救う力を持っているとの確信に至るのです。このプロセスがお分かりいただけるでしょうか。

私が『聖書』を身読しなければならないと言っているのは、そういう意味です。自分がただ客観的に眺めて勉強することも、もちろん大切です。『聖書』を研究しなければ、本当はキリストが何をおっしゃり、何をされたのかがわからないので、前提として『聖書』を学ばなければならないと私は思います。そのため、現代の聖書学を一所懸命勉強します。現代の聖書学者の中にも変なことをいう人もいますが、良い学者は本当に良いことを言っています。しかし、それを読み取るために、自分の体験、つまり、身体で『聖書』を読まなければ、本当に『聖書』を読んだとは言えません。先ほどイエスの言葉にあったように、信仰とは私に従って欲しいということです。従うことが信仰です。これは聖書的な信仰の理解です。普通の信仰の理解は、ヨーロッパ的な信仰の理解であって、イエスに教えられ、その教えが本当であることを信ずるのです。それは意志の力によって同意され、これは本当だと認識するのが信仰である、これがヨーロッパ的な信仰の理解です。しかしそれは、聖書的信仰の理解ではありません。そのことはちゃんと書かれています。パウロもそうですし、イエスも宣教の時に「私に従いなさい」とおっしゃっています。従うことが信仰です。それは実践を含むものです。弟子たちにとって従うとは、イエスと同じように貧しくなり、苦難の中で宣教し旅をすることです。「狐には穴があり、空飛ぶ鳥には巣がある。しかし私には枕するところもない」(「マタイ」八章二〇節)生活をイエスはしました。そのイエスに従って行くことが信仰です。だから信仰と実践は結びついているのです。行うことによって信仰は表わされます。信仰が深まれば深まるほど、行いはもっともっと外に現われ出てきます。それが信仰の本当の姿だと思います。信仰は「行」ですから、身体で行います。そして、イエスは十字架を担い、十字架につけられ、血を流され、死にたえました。身体全体で十字架にかかったのです。これは否定できない事実です。頭で決心して、実現したことではありません。もちろん、イエスは、決心して一生涯その決意の中にとどまり、と「ルカ伝」の九章の終わりに記されています。イエスは決意して、エルザレムに向かって旅を始めます。するとその村の人たちは、エルザレムに向かうイエスを排撃しはじめます。身体にまでさえ現われるほどの決意を持って旅をされ、エルザレムに上っていくのです。その間にずっと教えを述べています。あるいは人々の病気を治し、そしていろいろなことをなさっています。すべてそれは十字架に向かっての旅の中での出来事です。教えも皆そうです。だからキリストの教えはこの十字架上の死という前提があってはじめて理解できるものです。

4『法華経』と聖書を読む上で、重要な意味をもつ苦難

日蓮の法華経理解は、『法華経』のために命を捨ててはじめて『法華経』が理解できる立場をとります。キリストの道を理解する場合も同じことが言えます。本当のキリストの道は、キリストと共に命を捨てる覚悟があるとき、はじめて理解できます。それなしに本当のキリストの道は理解できません。自分に負わされた十字架にかかる決意をし、身をもって十字架を体験するとき、はじめて十字架の意味がわかり、十字架を担って行く力が生まれてきます。キリスト者がそのように生きるなら、その生き方は人々を感化し、本当にキリストの道はすばらしいものだと感得します。また、人々がそれを見て本当だと感じ取るのです。殉教とは「新しい信者の種である」と昔から言われています。なぜなら、殉教とはキリストに倣って、キリストと共に十字架にかかることだからです。それによって本当に自分の身の中にキリストが現存し、それを人々に表わすことができるからです。そして、それを見る人々は、その愛に感動し引き付けられ、キリスト者になっていくのです。ここでキリスト者とは、狭い意味ではなく、キリストに従っていくものになっていくことです。

キリストの人格、つまり、肉になられた「御言葉」は、御自分の中に「御父の願い」と「活き」を全部抱きかかえておられるのです。キリスト者は、キリストに倣って、自分も体全体で日常生活

の小さな十字架を担って行くとき、はじめて自分の中にキリストが共におられ、自分の苦しみや困難を支えておられる現実に目覚めるのです。この苦難を乗り越えるその瞬間に、キリストは私を支え、その活きが私に満ちていることを自覚できるのです。そこではじめて、キリストの活きはすごいものだとわかるのです。こんなつまらない私に、これだけの力を与えてくれるのだから、その活きはすべての人にも及んでいることがだんだん見えてきます。そしてますます確信を持って歩んでいくことができます。

日蓮聖人という方は、このことをキリスト者に教えていると私は思います。

5　日蓮の未来論とキリストの教えによる終末論

ここで再び「戒壇」について述べたいと思います。宗教と政治の関係について、日蓮の思想を正しく理解するために、日蓮が宗教と政治の関係、「戒壇」の王法と仏法についてどう考えていたかを知っておかなければならないと思います。王法とは王が定めた法の意味で、国家の理念や法律などのすべてがそれです。政治の世界に属するものです。それに対して、仏法は釈尊が悟った永遠の真理や教えを意味します。したがって、仏法は永遠不変の真理ですから、王法よりも優れており、根本的なものです。日蓮は仏法と王法が合体することを理想とします。そしてこの合体がいつか実現すると信じていました。創価学会はそれを現代社会の中に打ち立てようと、政治の世界に入っています。この点でたくさんの有識者の方々が危険性を感じています。これは宗教と政治がどういう関係にあるべきか、という大きな問題です。日蓮は歴史的現実に即して物事を考える人でしたから、仏教は王に従わなければ広まらないと考えています。しかし、日蓮はあくまでも宗教を主にして政治はその下だとはっきりと自覚していました。王法が上ではなく、仏法が上なのです。これはキリストの教えの場合はっきりしています。政治が宗教に介入してはならないのです。なぜなら、最も次元の高い宗教に支えられて、人間の世界の次元である政治を動かします。政治家は人間として宗教を選ぶ権利はありますが、宗教を正すとか宗教の自由を失わせる権利はありません。しかし、政治を批判するのはキリスト者の使命として大事なことです。

日蓮は六一歳になると大変疲労困憊します。弟子たちのすすめにしたがって湯治のため、身延から常陸の国へ下って行きます。そして、その途中武蔵の池上邸、つまり今の池上本門寺で入寂し、波瀾万丈の六一年間の生涯を閉じます。さて、その生涯の中で多くの宗教体験をしていますが、最も深い宗教体験の一つが『開目抄』の中に見られます。これは先ほど見てきましたが、佐渡に流された時に書いたものです。この書は人開顕《にんかいげん》の書です。「人《にん》」は仏法に照らされ、仏法によって本来の自己（無我）になったものです。これを人《にん》と言います。自我の固まりであるものを人《にん》とは言いません。自我が全く無くなった、本当の自己が現われたという意味で、これを人《にん》開顕と言います。それは、末法に流布さるべき法華経の担い手（上行菩薩）の自覚と言えます。日蓮は佐渡に流され、『法華経』のために迫害を受け、このような自覚に達しました。この自覚を書いたものが『開目抄』です。永遠に尽きることのない仏の悲願に促され、仏の「教え」に「証された」自己の今ここにある事を信じ、それを証していこうとする、深い宗教的自覚の書であると、茂田井教亨氏は言っています。前述のように、茂田井教亨氏は、現在の日蓮解釈者の中では最も深く日蓮を思索されている方です。「開目抄における実存と実践」（『日蓮聖人研究』）というすばらしい論文に依りながら、日蓮の宗教体験の一端を追ってみたいと思います。

日蓮といゐし者は去年《こぞ》九月十二日子丑《ねうし》の時に頸《くび》はねられぬ。これは魂魄佐土の国にいたりて、辺年《かえるとし》の二月雪中にしるして、有縁の弟子へをくれば、をそろしくてをそろしからず。みん人いかにをぢずらむ。これは釈迦・多宝・十方の諸仏の未来日本国当世をうつし給ふ明鏡なり。かたみともみるべし。

（『開目抄』、『日蓮聖人全集』第二巻、一六五頁）

「日蓮といゐし者は」以下の文には日蓮の自覚がこめられています。この文に自分を「日蓮といゐし者」と言っているところを見ても、非常に客観的な態度が見られます。「去年九月十二日子丑の刻に頸はねられぬ」とは、日蓮は一度死んだということです。「これは魂魄佐土の国にいたりて、辺年の二月雪中にしるして、有縁の弟子へをくれば、をそろしくてをそろしからず。みん人いかにをぢずらむ」、この文は死んだ日蓮の魂魄の書だから、死んで生き返って語った書で、弟子たちに送ったときに、弟子たちは非常に恐ろしがりました。しかし本当は恐ろしくないのです。「これは釈尊・多宝・十方の諸仏の未来日本国当世をうつし給ふ明鏡なり」、つまり、日本の現状をありのままに映し出す鏡は、この書です。そして、「かたみともみるべし」、つまりこの書は自分の形見であり、最後の書、遺言書であると述べています。

　『開目抄』に「予事の由をし計(る)に、重ねて経文を勘て我が身にあてて身の失《とが》をしるべし」と反省しつつ、宝塔品の三個の教宣の文を挙げ、……

「この経文の心は眼前なり」という文に注目して、茂田井教享氏は次のように解釈しています。「事の由を推し量る」という文中の「事」とは、現実の出来事です。例えば、日蓮が『法華経』のために迫害される、伊豆や佐渡に流される出来事です。「由」とは、由来とか理由とか、あるいはもっと深い、超越的な無形の根源のことです。だから、「事の由」とは、『法華経』の永遠の真実が時々刻々に変転する出来事の真っ只中にあるというのです。このような歴史的出来事の理解は、キリスト者にとって、キリストの道の理解にすばらしい示唆を与えてくれると思います。「事」とは具体的な現象的な出来事です。今、日蓮聖人にとって、『法華経』のために迫害されることを身をもって感じ取っている事実です。そこに実はすでに超越的なものが実現しています。この「事」の中にお釈迦様の『法華経』の永遠の真実が今、現われているのです。そして迫害を受けることによって、本当の自覚、『法華経』に照らされ助けられ本当に生き返った自分が明らかにされるのです。つまり、永遠の真実といっても、プラトンのように別の真実が天の向こうにあるのではなく、今、ここに実現しているのです。この歴史的出来事の中に、永遠の真実が実在化されているのです。しかも、日蓮の身命を投げ打った宗教的実存にこの永遠の真理は今、ここに開示されるのです。

「経文の心」とは、経文の中の本当の意味、あるいは経文を通ずるお釈迦様の本懐(願い)です。それは、全人類を救いたいという本懐であり、大慈悲の本懐です。その「経文の心は眼前なり」、つまり、お釈迦様の本懐が眼前にあるのです。経文によって、はじめてその心がわかります。生命を賭してはじめて法華経の真意を悟り、事と心が一つになるのです。これこそ日蓮の宗教体験の一番深いところです。「重ねて経文を勘へて、我身にあてて身の失を知るべし」とは、経文を考え、その経文の心は眼前にあり、日蓮自身の中にそれが実現していることを自覚します。それで「我が身にあてて経文を省察する」ことが重要になってくるのです。

世間から捨てられた自己、一度首をはねられた体験があってはじめて、高められた自己が開顕してきます。この日蓮の思想を、私たちのキリストの教えによる言葉に直すと、日蓮とキリストの道の類似と差異が明らかになります。「フィリピ書」の二章の中に、「キリストは神でありながら人間の姿になって無になられ、従うものになられ、十字架にまで従うものになられました。そのために、御父はキリストを高められ、あらゆる者の上に高められたのです。」キリスト者は、私たちと共に働くキリストの力によって、キリストに倣って、自分を無とし、キリストと共に十字架にかかる覚悟をし、キリストに従って生きるのです。そのような実践によってのみ、キリストの人類救済の悲願が私たちに開示され、私たちはそれを悟ることができるのです。このようなキリストの教えによる思想と日蓮の思想は、身命を賭してはじめて、神・仏の人類救済を悟ることができるという点で類似しています。

しかし、次の点で両者は違っています。仏陀は現世で人類のために苦難を受けなかったし、十字架にもかからなかったのです。それに対して、キリストは人類救済のために実際に十字架にかかり、復活したのです。そして、自分を信じて自分に従ってくる人々に、十字架の愛を悟らせて、復活の恵みを与えるのです。しかし、日蓮の宗教体験の非常に大切なところは、生命を賭けて『法華経』に関わってはじめて、未来の『法華経』の行者たりえることを自覚するようになった点です。そうすると歴史的な現実（事）と超越的な根拠（由）とが交差して、その交差する時点の今、今、今が実現していくのです。日蓮は、未来に向かって未来を開いていくという、非常に未来論的な仏教理解をもっています。このような未来論的展望が仏教の中に起こったということは、驚くべきことです。

キリストの道は、もともとエスカトロジー、つまり終末論的な考えをもっています。キリストの十字架はただ人々を救うだけでなく、終局に向かって歴史を動かし、歴史はその終局に向かって行くという思想があります。その終末論的な思想が仏教には本来ありません。本来そういう動的なものはないのです。親鸞の中にも道元の中にもありません。ところが日蓮の中にはあるのです。どうしてこのような思想が日蓮の中に生まれたのでしょうか。これは大変面白いことだと思います。その理由は二つあるように私は思います。その第一は、親鸞には法然上人、道元には如浄禅師という先生がいましたが、日蓮には師はいませんでした。無師自証です。新しい何かが出てくるのは、今までの教えを踏襲したのではなくて、直接仏から教えられて新しく『法華経』を読み直したからだと思います。第二は、出家の最初から、現実の出来事について大疑団を起こしています。その大疑団は生死の無常についてではなく、なぜこの天変地異や戦争が起こるのか、どうして今の世には混乱が起こるのかということです。大きな疑問が日蓮の心にもくもくと湧いてきたのです。それで、日蓮は一心にお経を調べはじめます。つまり、日蓮は歴史的現実の関心から、仏教を深めていくことを求道の最初から行なった人です。これは仏教としては珍しいことです。仏教は本来お釈迦様がブッダガヤの菩提樹の下で坐禅をして悟られたものです。その悟りを体験することが、仏教だといってもよいと思います。日蓮は現実に関する大疑団から法華経をもう一度読み直し、歴史に関わる読み方をしました。その結果、キリストの教えによるエスカトロジーに通ずるような歴史観をもつに至ったのです。キリスト者でない方は、日蓮を通じてキリストの教えによる終末論をよりよく理解しうるようになるでしょう。この終末論は『聖書』の大切な中心思想の一つです。

さて、キリストの教えによる終末論に目を向けてみましょう。歴史的な現実は、神の創造と救済の歴史的な「活き」の顕われです。だからキリストの教える神は、歴史の中に介入し、それを動かし、あらゆる人と宇宙を救済へ導こうとしています。私はその創造の活きについては『身の形而上学』に書きました。それによれば、神の創造の「活き」は私たち人間の非常に現実的な面すべてに及んでいます。神は人間や、宇宙のすべてを創造され、創造されたものをご覧になって「よし」と思われました。「創世記」の創造の物語の最後に、男女の関係について語られています。この物語は人間の男女関係の基本を語っています。神はまず男を造り、楽園に置かれた。しかし、男によき伴侶がいないので、よくないと思われて、女を造り、男（アダム）のところにその女を連れて行かれました。男は女を見て、「これこそわが骨の骨」と叫んだのです。「骨」は人格全体を表わす言葉ですから、「わが骨の骨」とは、「私自身よりも私自身」という意味です。この言葉は男が自分の伴侶となる女を見た途端の驚嘆と愛の言葉です。男と女は愛で固く結ばれ、結婚が成立するのです。そして、「創世記」は次のように結んでいます。「男は父母を離れて、妻に結ばれ、二人は一体となる。」この言葉が紀元前一〇世紀に『聖書』に刻まれていることは驚嘆すべきことです。「一体となる」とは、肉を通じて一体となることを意味します。男と女は夫婦となり、肉を通じて深い愛で離れ難く結ばれるのです。このような肉を通じての夫婦の交わりは、神のご意志の実現であり、神の栄光の顕われです。このように『聖書』は夫婦の肉の交わりを祝福し、神的な栄光に高めたのです。今までのキリストの教えは、このような身体の局面にまで教えを具体的に展開していない恨みがありました。これは残念です。これからのキリストの教えは、このような具体的な事柄にも説き及ばなければならないと思います。迫害という非日常的なことではなくて、キリストの道の特徴は日常のすべてが神の業です。日常生活の隅々にまでも神の「活き」が及んでいることが、『聖書』の使信（メッセージ）ですから、これからのキリストの道の課題は、日蓮に倣って、具体的に展開することが大切だと思います。日蓮が「事」と呼んだものは、キリストの道から言えば、日常生活で起こるあらゆる出来事です。夫婦の男女の交わりは神の業であり、神が祝福し望んでおられることであり、神への讃美と言えます。それに関連して日蓮は面白いことを言っています。日蓮は、「夫との肉の交わりの真只中で、南無妙法蓮華経と唱えなさい。そうすればその業は法華経の讃美の業になるでしょう」とある婦人に言っています。

『新約』になると、男女の結婚はより一層高められます。夫婦の愛はキリストと教会の愛の象徴になります。それはキリストの教会への愛を指し示す意味で秘跡（神秘的愛のしるし）となりました。

ところで、キリストの教えには日蓮思想にないものが多くあります。その一つは、『聖書』の神は一人ひとりを大切にされ、一人ひとりに特別な思し召しをもっておられ、それぞれが歴史の中で大きな役割を果たすことを望まれていることです。しかも神は私たち一人ひとりに御自分の意志を知らせ、私たちがその御意志を実行に移して、人類の歴史に貢献することを望まれています。そこで、歴史の中で神のご意志、つまり自分に対する使命を知ることは、キリストの道を歩む上で、非常に重要なポイントになります。それを強調した人がイグナチオ・デ・ロヨラという人です。（私の翻訳した『霊操』（岩波文庫）の中にこの点をくわしく解釈していますので、参照してください。）『霊操』は神が私たちの救いのために一人ひとりにどのようなことを望んでおられるのかを知る方法を教えています。それを知ることができるという確信が『霊操』を貫いています。これまで沢山の人たちがこの『霊操』に基づいて祈り、自分の使命を知ることができました。

ところで、私たちは歴史の転換期に立っています。二〇世紀から新しい二一世紀に向けて、私たちはどのようなことをすれば、人類の平和と救済が成し遂げられるのでしょうか。これこそ、私たち一人ひとりの課題です。その場合、人間の視野は狭く、遠い未来を見透せませんし、歴史の行末を見極めることはできません。それを知っている方は神以外にはないのです。神は人類の歴史全体を見透しておられ、その見透しに基づいて、私たち一人ひとりが何をなすべきかを知っておられ、私たちがその使命を果たすことを望まれています。その望みを実行することによって、人類の未来は明るいものとなります。このように考えると、二〇世紀末の今の時点で、私たち一人ひとりが神の御意志を知ることがいかに大切かが分かります。そして、私への神の望みを知り、それを実現することこそ、キリスト者の本当の「自己実現」です。そこから、神の救いの業への参画が生まれてきます。神が全人類を救われつつあります。私も神の思し召しを知り、その思し召しに基づいて、生きることにより、この神の救済の業に参画することができるのです。これこそ、終末論的な「神の国」実現へと向かって働くことなのです。しかも、それは特別に召された人、例えば聖職者や司祭、修道女だけの使命ではなく、あらゆるキリスト者の使命です。この点を特に強調したいと思います。よく修道者や司祭にはその使命があり、キリスト者はそんなことは関係ないと考えます。しかし、それは間違いです。第二ヴァチカン公会議は、それは信徒に与えられた使命であると宣言しています。しかも、信徒でなければできない使命があります。司祭の仕事は司祭的な奉仕に限定されています。信徒は自分の仕事の中にそれを実現することができます。信徒はもっと世界的視野で世の中の仕事を通して、神の業を発展させ、救済の業を発展させることができるのです。この点こそ、第二ヴァチカン公会議で強く打ち出された考えです。ここでこそ、日蓮が教えている「事」(歴史的出来事）の中に「由」（超越的な根拠）が現われているという思想は大切になってきます。あなたが今ここで具体的な仕事（事）を通じて、例えば、母なら母の仕事、家事なら家事を全身を捧げて実行することによって、偉大な使命（由）に呼ばれているのです。現代社会の私たちは、第三世界の諸問題に目覚め、そのような諸問題を解決するために奉仕したり、あるいは、歴史の上で差別された国に、私たちが犯した罪を少しでも償っていく態度こそ、現代の私たちの使命であり、キリストの道を開く縁となるのではないかと私は思います。これはちょうど今、私たち日本人が、やるべきことだと思います。

神が今私たち一人ひとりに望んでいることは何なのでしょうか。このことを現実の中で、抽象的でなく歴史的出来事の中で考える必要があります。それが私たちが日蓮から学び、本物のキリスト者になることができる重要な課題ではないかと思います。

第Ⅲ章

親鸞に導かれ、キリストの道を深める

一　親鸞の人柄と生涯

1「鏡の御影」が語りかけるもの

まず、親鸞の御影を見てみましょう。これは、西本願寺に伝わった「鏡の御影」と呼ばれている御影です。どのようにお感じになりますか。怖いくらい、厳しいお顔をしていますね。一般に、親鸞というと、浄土真宗の「他力本願」の誤った理解から、慈悲に頼る優しい人だと思われていますが、実はそうではありません。生涯、旅をしながら、いろいろな迫害、苦しみを乗り越えてきたため、「鏡の御影」のような厳しい人格が写し出されているのだと思います。

私にはこの「御影」には野武士のような面構《つらがま》えがあるように思われます。旅を通して、多くの苦難を乗り越え、現在の困難の前にも決然として立つ偉丈夫の姿を見ます。特に、鋭い眼で前面を見据えている姿には、確固たる信念をもって未来に向かって前進しようとする決意が漲っているように思われます。

親鸞の先生である法然上人の御影は、親鸞とは対照的で、穏やかで円満そのものです。これから、親鸞の御影の由来を尋ねて参りたいと思います。

2 親鸞の生涯

親鸞は一一七三年、ちょうど源平の戦いの真っ最中に生まれました。その戦いで、平清盛が死に、壇の浦で平家が滅亡して、源頼朝が鎌倉幕府を開きます。親鸞はそういった時代の真っ只中に生きた人です。宗教的には、比叡山が大きな勢力を持ち、その中でも奈良の興福寺が非常に大きな権力を持っていました。どちらも僧兵を持ち、宗教的だけではなく、政治的にも強い権力を持ち始めていました。

ところで、親鸞はどのような家柄に生まれたのでしょうか。親鸞のお父さんは日野有範という下級貴族です。道元禅師は最も高い貴族の出身ですが、日蓮は自ら漁師の子であると言っています。出自はその人の人生を左右するほど非常に興味深いものです。親鸞は下級貴族の子であるがために、普通の道では出世できませんでした。そこで両親は、親鸞が僧侶になることによって、高い位に就く可能性を見出すように、九歳で出家させます。親鸞は、慈円を導師とし、僧名を範宴と名乗ります。そして、その後、比叡山で修行をします。そこで、天台の教学を学び、念仏やいろいろな「行」をしたと思われます。

親鸞聖人の「鏡の御影」(西本願寺)(『親鸞と真宗』読売新聞社，1985 より)

二〇年間も比叡山に籠って「修行」をしまし

た。そこに重要な出来事が起こります。なかでも、三つの夢のお告げを受けたことは、親鸞の生涯にとって決定的な出来事となりました。

その一つは、一九歳の時に見た磯長の夢のお告げです。聖徳太子の廟に三日間参籠していると、聖徳太子が荘厳な姿で親鸞に現われ、「十余歳で、汝の命根が尽きる。速に清浄土に入らん」と告げるのです。聖徳太子は、一九歳の親鸞に、十余年しか生きられないと覚悟させ、一所懸命「修行」に励ませたのだと思います。親鸞は後年になって「修行」を自力と他力に分けるようになりましたが、比叡山では二〇年間も「自力修行」に励んだのでした。それはそれは、本当に真剣な「修行」だったと思われます。

しかし、それでも悟りに至れず、満足できなかったのです。当時、親鸞は堂僧でした。堂僧とは、比叡山の僧侶の中で一番低い位です。親鸞は、おそらく横川《よかわ》の源信の流れを汲む不断念仏宗に属していたのではないかと言われています。源信とは、往生極楽を勧める『往生要集』を著し、日本浄土教史に大きな名を残した人です。

3 六角堂の百日間参籠と夢告

親鸞は、二八歳の時に大乗院で夢告を受けます。翌年、二九歳で六角堂に籠ります。この年はちょうど、磯長での第一の夢告から一〇年経った時でした。六角堂での百日間の「修行」は、非常に厳しいものだったことと思われます。

九五日目の暁（四時）、夢告があります。それは、キリスト者にとっては、少し奇異に思われるかもしれませんが、つぎのような夢告でした。六角堂で救世《くせ》観音《かんのん》が端麗な僧の姿形で現われました。白衣に袈裟を召され、大きな白蓮に端座して、こう仰せられました。「お前が宿世の報いによって、たとえ女犯の罪を犯すことがあっても、私は女の姿になって犯されてあげよう。そして一生涯よくお前のかざりとなり、臨終には導いて極楽に生まれさせよう」、救世観音はこう口ずさんでから、「この文は私の誓いである。世の一切の人々にこれを説き聞かせてよい」と言われます。ここが面白いところです。親鸞のためだけでなく、このお告げは、世の一切の人々に説き聞かせてよいことなのです。このお告げを、数千万の人々に聞かせようと思ったところで、親鸞は夢から覚めました。

夢には、人間の心の中の最も深いものが現われると、現代の深層心理学者フロイトやユングなどは言っています。もし、そうだとすれば、若い親鸞が比叡山の厳しい「修行」の中で、肉欲が非常に強く起こっていたと思われます。これは私の推察ではなく、龍谷大学の教授をしておられた坂東先生が言われていることです。親鸞は押さえても押さえても押さえ切れない性欲を非常に強く感じていたと思われます。しかもその当時の比叡山の状況は、独身を守るという戒律があるにもかかわらず、守られていなかったという現実があったようです。それに対して、これはどうもおかしいと親鸞は感じていたと思われます。それが夢の中に現われたと言っても過言ではありません。

4　深い宗教体験による夢告

しかし、私には、この夢にはそれ以上のことがあると思われます。浄土真宗の方々もそう考えているようです。やはり、これは深い宗教体験だったので、親鸞は救世観音の絶対的命令によるお告げと感じ取ったのではないでしょうか。

ご存じのようにキリスト教でも、夢には非常に重要な意味があるとされています。旧約時代ばかりでなく、新約時代になっても、いろいろな所で夢によって神さまのお告げがなされました。もちろん聖母のお告げは、夢の中で行われたものではありませんが、お告げとして残されています。非常に高められ、高揚された状況の中でマリアがヴィジョンを観たと言えます。天上的なガブリエルが現われ、イエスを懐胎するお告げをマリアにします。そして、許嫁のヨゼフは、マリアが懐胎したことを知って、密かに離縁しようと思います。すると、ヨゼフは夢の中で、マリアの懐胎は、神の聖なる霊によって宿った「神の子」だとのお告げを受けます。それでマリアとヨゼフは家庭生活に入っていったのです。

どうして夢によって神のお告げがなされることがあるのでしょうか。この点を説明したいと思います。話は難しくなりますが、きちんと理論づけないと、どうして夢が神のお告げになるのかわからないのではないでしょうか。これは、中世の最も偉大な思想家聖トマスの考えです。

私たちの意識は、無意識と意識に分けられます。意識的な領域で、私たちは五官、想像力、記憶力をはたらかせたり、意志や理性をはたらかせたりします。このような諸活動によって世界の中で生きていくことができるのです。ところが私たちの現代の生活をみればわかるように、これだけでは、私たちが生きていく上での、本当の意味はわかりません。人間がどうあるべきか、どうすれば救われるかは、いくら人間が理性的に考えてもわからないことです。

私はこれまで三〇年以上も、上智大学の哲学の教授をやってきました。ヨーロッパの哲学を大体大筋に一通りは学びました。ソクラテス、プラトン、アリストテレス、そして、中世の哲学者を学び、近世の哲学者デカルト、カント、ヘーゲルを学びました。さらに、現代のハイデッガーとかレヴィナスという人たちをも学んできました。しかし、これらの哲学では人間の救いはないことを知りました。それは、はっきりしていることです。まず、哲学者の考え方は、一人ひとり違います。それはその人だけしか確信を持てないものだからです。デカルトの哲学は、近代人の意識を変えた哲学ですが、本当の人間の生きる道を示したものとは言い難いと思います。

デカルトの哲学は、合理主義的な意識の哲学です。今世紀になって、意識の哲学ではだめだということを示したのは、フロイトであり、ユングです。そして彼らは無意識ということを考えました。つまり、意識ではわからないことを、無意識の中で探っていこうと、いろいろな方法を試みました。特にユングは、無意識によって非常に深い宗教的なものにまで触れるような深層を見出そうとした人です。ユングのお父さんはプロテスタントの牧師さんだったので、そういう考え方の影響もあったことと思われます。しかし、私の勉強した限りでは、ユングは本当の宗教的なものに至るまでは達していないと思います。なぜなら、心理学では、本当の宗教的なものに達することはできないからです。深層心理学は、夢とか自由連想、あるいは神話とか昔話などによって無意識を探ろうとします。しかし、これらのことでは、人間を超え、万物を貫いている「万物の根源」を発見することはできません。仏や神のように、形あるものすべてを越えた究極的存在は、人間の意識でも無意識でも捉えることはできません。

現代ほど、無神論的な時代はありませんが、それは理性の時代だからです。今それが転換を迫られています（本書では、ここで親鸞や『聖書』をもう一度学び直すことによって、新しい時代を作ろうとしているのです）。

では、このような無意識をも超えた宗教的な領域が、どういう形で現われてくるのでしょうか。無意識を超えた超越者、形而上的な存在者が、どのように現われてくるのでしょうか。ユングは元型（アーキティプス）について語ります。この元型は、あらゆる人間に共通した像（イメージ）です。たとえば太母神《たいもしん》や曼荼羅というようなイメージが、人間を活性化するうえで非常に強い力を持っていることを、ユングは発見したのです。しかし、まだこれらには形があります。形あるものは形而下的です。では形がないものがどうして現われるのでしょうか。夢がどうしてそういうものを表わすのでしょうか。眠っている間は意識がはたらかなくなります。そうすると、神のはたらきが直接人間全体に及んできます。それが夢として形象化されて、イメージとして現われるのです。しかし、イメージはその中にあるメッセージそのもの、神のお告げそのものの現われに過ぎません。ここでイメージとイメージが指し示すもの（形而上的なもの）を区別して頂きたいと思います。イメージそのものは形而下のものですから、イメージだけに執着していると、本当のものがわからなくなってきます。

夢の中で最も意味深い夢、一生涯を決定する夢を経験する人が、時々いるものです。親鸞の夢のように、「形骸化している戒律を打ち破るように」というような夢は、その時代にとっては、大変なメッセージです。それによって彼はどれだけ迫害されるかわかりません。夢には重要な意味があり、しかも、後になって「これをみんなに示して欲しい」という阿弥陀の慈悲のメッセージとして現われてきます。そのメッセージがただ自分のためであるとすれば、その夢はまだ自己中心性が残っているかもしれませんが、親鸞の場合はみんなのためのメッセージです。非常に普遍的なものです。その意味で、親鸞はどんな困難があろうとも告げられたものに断固として従って行こうとする決意が、肚の底から湧いて来たと思われます。この決意こそ仏の超越的な活《はたら》きの現われと考えられます。

親鸞は比叡山を下りて六角堂に百日籠ったことには、すでに触れました。六角堂は今の東本願寺、西本願寺の真向かいにあります。そこは聖徳太子のゆかりの場所です。六角堂に祭られている救世《くせ》観音《かんのん》は、聖徳太子の現われだと皆から信じられていました。聖徳太子は、生涯親鸞にとって非常に大きな意味を持っています。その意味でも、六角堂での百日間の参籠と夢告は重要な出来事でした。

その後、すぐ親鸞は法然上人の吉水の教団に入門します。百日間来る日も来る日も法然の法座に通いました。雨の日も風の日も嵐の日も通ったと書かれています。親鸞は法然の教えを全身を耳にして聴き、その教えに従いました。法然の教えは、専修念仏という教えです。「ナムアミダブツ」

あるいは、「ナムマイダー」と唱え、ひたすら阿弥陀の本願を信じて祈ると、どんな人でも救われるという教えです。阿弥陀を重要視した信仰です。阿弥陀とは、無量寿・無量光(寿命が無量、光明が無量の意)ということです。浄土真宗寺院では、普通阿弥陀如来像と言えば、日光と月光の二つの菩薩像と共に飾ってあり、阿弥陀さまと言えば信仰の対象があるかのように思いがちですが、本当は対象がないのです。阿弥陀像は目に見えない仏の活きの象徴であると考えて頂けば間違いないと思います。これは、後にキリスト教的な祈りについて話をする際、重要なポイントになって来ます。

昭和の初めまで生きておられた、親鸞の研究家として有名な学者、金子大栄先生が、阿弥陀とは、仏陀の悟り、智恵と慈悲の活きのことだと解釈されています。そして無量寿と無量光、つまり無量の生命と光、あらゆる時と所にわたってその慈悲、悟りが及んでいることです。ですから阿弥陀は、智恵と慈悲の活きであると考えられます。南無とは、帰命することです。帰命については、面白いことに私たちが南無阿弥陀仏を唱えるのではなく、阿弥陀仏が私たちに廻向《えこう》して「南無阿弥陀仏」と唱える活きを与えてくださるのだと言います。それによって、私たちははじめて本当に南無阿弥陀仏と祈ることができるのです。このように唱えることは、「行」の前に、大をつけて「大行《だいぎょう》」と言われています。阿弥陀様の偉大な「行」だからです。

5 信の重要性

もちろん大切なのは大信です。阿弥陀の本願(仏になる以前に立てられた誓願)を信ずることです。

四八願あるうちから、三つの大切な願を法然上人と親鸞聖人は取り出します。その中でも一八願は一番完成されたものです。阿弥陀如来が、まだ法蔵菩薩として人々を救おうと修行しているとき、誓願を立てました。それは、全人類・宇宙を救いたい、私が悟って仏にならなくても構わない、みんなが信じて私の名を呼んで、浄土に生まれ変わることができるようにとの誓願です。その誓願（本願）を信ずることを大信と言います。その時に、人間の側は信じないとどうしようもありません。例えば、親鸞は法然の教えを聞き、法然は中国の善導の本を読みながら念仏の大切さを知り、専修念仏ということを唱え出します。これは、当時の人々にとって、たいへんやさしい道（易行）でした。坐禅とか百日の参籠とか、あるいは千日回峯という行をやれば救われるでしょうが、煩悩に悩まされている私たち庶民にはそれは不可能なことだったのです。

仏教では末法と言いますが、仏が生まれてから約二千年後、末法の世界に入ると言います。ちょうど親鸞の時代が、その末法のときでした。仏の教えがほとんど通じなくなってしまっている時代だとされています。そういう時代に庶民たち、本当に無明の中に沈んでいる人たち、貧しい人たち、罪人、特に遊女たちに法然は説法して、阿弥陀如来の本願を信じて一心に念仏すれば救われると説いたのです。そこにたくさんの人が感動して集まってきました。親鸞も百日間一所懸命通って、それを信じ念仏するようになったのです。これが廻心という、親鸞の生涯を決定する出来事です（あるいは廻入とも言われる）。阿弥陀如来の力に助けられて信じ、念仏を唱えはじめたのです。親鸞は、『教行信証』というものを、五二歳のときに著します。今までの仏教の教えは教行証であって、

「信」がありません。「教行証」なのです。坐禅ですと、坐禅を行ずることで悟りを開く（証）、その行のための教えがあります。この三つで教行証になるのですが、親鸞はその真ん中に信をおきました。

親鸞がそこに到達するまでには長い道程を歩まなければなりませんでした。二九歳の時の法然との出会いが、きっかけとなり、廻心といわれる最も大きな出来事が起こったのです。法然門下に入って、親鸞はたちまち多くの弟子の中から、法然に認められるような高弟の一人になります。その三年後、七箇条起請文が作られ、そこに何十人かの一人として署名をしていることからも、彼がどれだけ法然教団で尊重されたかがわかります。三三歳のとき、法然より『選択集』の書写を許されます。『選択集』とは、法然が弟子の手を借りて書いた唯一の本です（法然自身が書いたのではなく、弟子が書きまとめたものです）。それでも重要な書物です。特別な高弟のみにしか書き写すことを許されないものでした。親鸞はその書写を許されたのです。その上、法然の肖像画を模写することまで許されます。そしてその中に法然が南無阿弥陀仏と書き、法然の名前も揮毫されています。

そのとき親鸞は範宴から善信という名に改めます。名前を改めるということは、新しい生活に生まれ変わることです。『聖書』の中にもそれは出てきます。ペトロはキリストによって、シモンからペトロという名に改められ、新しい使命（教会の頭）を受けたのです。改名は、本質が変わったことの徴なのです。善信とは先ほどの磯長のお告げの中で「善く信じなさい」という言葉、その夢告の言葉から取ったのではないかと思われます。

6　弾圧を受ける

一方では、このころ興福寺から朝廷に奏状が出され、法然と親鸞は弾圧されることになります。興福寺の衆徒が念仏者を訴えて、専修念仏の停止令を重ねて願い、聞き入れて、勅許されたからです。これが承元の弾圧と言われるものです。法然も主な弟子たちも流罪に遭い、三五歳の親鸞は越後の国府に流されます。流罪というのは、想像を絶するような大変なものだったと思われます。温暖な京都から、冬の間、長く雪に閉ざされた厳しい寒さの越後に流されたのです。

その後、「承元の奏状」を提出して、三九歳で流罪を許されます。いつか知りませんが、もうすでに恵信《えしん》という人と結婚をし、信蓮房という名の子供が生まれています。そして旅に出て、四二歳のときに常陸の国に行きます。その途中で、関東の農民たちの悲惨な姿を見たのでしょう。この人たちを救いたいと念願して、無意識のうちにお経を千回唱え始めます。このことは、廻心して他力本願になったにもかかわらず、まだ無意識のうちに自力に頼る心が残っていたことを示しています。お経を唱えることによって、その功徳を農民に廻向《えこう》して、苦しむ農民を救いたいと思ったのです。そんなとき、突然病気になって高熱にうなされて、二、三日悩まされます。あるとき、ハッと自分の間違いに気づきます。無意識の中に自力の執着がまだ残っていたことに気づくのです。そこで、これが残っている限り、本当の意味で仏に絶対的に信頼し、本当の他力本願にならないことを悟ったのです。無意識のうちにお経を唱えていて、ハッと気づくのです。熱を出して病気になるほどの悩み、それは心も体も全体が悩むほどの苦しみでした。一方では苦しんでいる農民たちの姿を見て、その人たちを救いたいというすごい願いが、無意識のうちに千回のお経を唱えさせたのです。しかし、お経を唱えることによって農民たちを救いたいという願いには、どこかで自力に頼るところがあることを自覚するのです。非常に深いところでこれに気がつき目覚めて、病気がたちまち治ります。

このような経験が、親鸞がなくなった後に恵信尼の手紙に書かれています。この経験は非常に重要です。越後に流罪に遭って苦しみを受けて、浄化されてきているのですが、まだまだ浄化が完成されていません。ところが、このときこの悟りによって親鸞の他力本願の信仰が完成されたのです。このとき、はじめて「信心が決定《けつじょう》す」ということが親鸞の身心に確立したのです。

そして、常陸の国に入って、人々に専修念仏を教えます。貧しい人、文字も知らない人たちに教えるのが親鸞の特徴です。主に罪人・貧民に教えます。『歎異抄』の中に、「悪人正機」の教えがありますが、阿弥陀如来は衆生済度の本願を誰をターゲットにして立てたかと言えば、悪人をめざして立てたのです。善人のためではないのです。だから、悪人こそ救われるというのです。これが「善人なをもて往生をとぐ、いはんや悪人をや」という有名な逆説的な「悪人正機」の教えなのです。後ほど、キリストの教えを省察しますが、それと通じるものがあるのです。イエスも「わたしが来たのは、正しい人を招くためではなく、罪人を招くためである」(「マタイ」九章一三節)と言っています。これは後で述べます。そして、親鸞は東国で一所懸命に念仏を教え、その影響力はだんだんと大きくなって、常陸の国の中でたくさんのお寺ができて、親鸞教集団ができてきます。

親鸞は長い求道の末、「如来よりたまはりたる信」(金子大栄編『親鸞全集』六七八頁)によって「真実のふかき信」(同、三八六頁)に達します。親鸞は、この信仰体験にもとづいて、五二歳になって『教行信証』を書きます。これは非常によく考えられた立派な本です。主に仏典から引用して、専修念仏がどんな根拠をもっているかを証明しています。阿弥陀如来の本願を信じて念仏を一心に唱えれば、必ず救われるということを、教・行・信・証という順序で説いていきます。『教行信証』は、大部分お経や昔の偉いお坊さんの論からとってきているものですが、時々親鸞自身の言葉がちりばめられています。そこが大変面白いところです。例えば、「かなしいかな愚禿《ぐとく》親鸞は愛欲の広海に沈没し、名利の太山に迷惑して、定聚《じょうじゅ》(信心を得て、この世において浄土に往生することに定められた仲間)のかずにいることをよろこばず、真証の証にちかづくことをたのしまざることを。はづべし、いたむべし。」この文章には親鸞の心中からの深い痛悔の念が表わされています。『教行信証』は五二歳のとき第一稿が書かれました。そして一生涯をかけて、それをだんだん修正し、整理し、八七、八歳頃に完成させています。私の知っているイタリア人のデル・カンパーナー神父は、親鸞研究家で、「すばらしい神学だ。これを見習って私たちは新しい神学を作らなければならない」と言っていました。それほど『教行信証』はすばらしいものです。

7　帰京の理由と京都での活動

親鸞は六三歳で京都に帰ります。生まれ故郷だからと、安易な考えで帰ったのではありません。京都で最も大きな迫害の嵐が起こっているときに帰っているのです。迫害を受けるために帰ったといってもいいくらいです。どうして親鸞は京都に帰ったのでしょうか。いろいろな人が色々な理由を言っていますが、おそらく、次の理由によるものだと思います。坂東先生もそのようにおっしゃっています。親鸞は京都に帰って『西方指南抄』を書きます。これは法然上人の法語をまとめたものです。法然の法語が京都に残っているのではないかと思って、それを収集するために京都に帰ったのではないかと言われています。これが第一の理由です。第二の理由は、東国で親鸞教団が発展し、そこで人々は親鸞を尊敬し、崇め奉るようになったので、自分が知らず知らずのうちにどこかで傲慢になっていたのではないかということに気づき、それを避けたのではないかと思います。『歎異抄』にも、「親鸞は弟子一人ももたずさうらふ」(同、六七八頁)とあります。自分は師匠ではないとはっきり言っています。どうしてかと言うと、それは阿弥陀の本願が一人ひとりに呼びかけられ、そして、その人がそれに導かれて信者になる、同行者になるのです。だから自分は指導者ではないという自覚を持っていました。イエスも師は一人しかいないと言っています。「真の師は神ご自身しかいない、だから師と呼ばれてはいけない」(「マタイ」二三章八節)と言っています。

京都に行ったもう一つの理由は、著作に専念しようということだと思われます。『教行信証』は漢文で書かれています。その上、親鸞は弟子のうち二人だけに書き写すことを許しています。ですから、この本は庶民のために書いたわけではなく、将来親鸞の思想を研究する人々のため、自分の真の教えが後世に伝わることを願って書き残したものだと思われます。親鸞は、そこで京都に帰り、庶民でもわかるような言葉で易しく法を説く本を書き著しています。このために親鸞は京都に行ったと思われます。

もう一つ面白いことは、親鸞は京都で「和讃」を作ったことです。和讃とは日本語で讃美をすることです。和讃には、七五調のリズムがあります。それを唱えることによって、阿弥陀の教えがどんどん深く身心に染み込んで行きます。

「浄土和讃」から一例を引用しましょう。

仏慧《ぶつえ》功徳をほめしめて（ほめたたえて）
十方の有縁《うえん》にきかしめん
信心すでにえんひとは
つねに仏恩報ずべし

この和讃を何遍も声を出して唱えてみると、七五のリズムに乗って、いつしか信心が肚の底から湧いてくるのを覚えるかもしれません。

リズムをもって「和讃」を唱えることによって、信心を深めることはとても大切なことだと思います。「キリストの道」にも、こういうものがなければならないと思います。聖書は正にそういうものだと思います。私が『身の形而上学』で書いたように、「創世記」の一・二章の言葉は詩です。そこにはリズムの流れがあります。それをみな忘れてしまっているのです。その詩を唱えることによって、御言葉が身体に染み込んで行き、人間の一番深いところに染み込むのです。

親鸞もそうですが、『旧約』でも『新約』でもそうだったと思います。例えば、『旧約聖書』の「詩篇」一五〇篇が一番わかりやすい例だと思います。「イザヤ預言書」の大部分は詩文ですが、四〇―五三章はとくに優れた詩です。

さて、親鸞の身に再び弾圧が及びます。建長の弾圧と言われるものです。七四歳から八四歳までのことです。その上、もっとひどい悲劇が八四歳のときに身内から起こったのです。親鸞には善鸞という息子がいました。親鸞はこの善鸞を関東に自分の代理として派遣します。ところが、善鸞は、親鸞から自分は特別に新しい教えを聞いたと言い出します。今までの専修念仏や、十八願が一番大切な本願であると親鸞聖人は言っていましたが、父、親鸞はそれを変えてしまったのだと、善鸞は異端を唱え出します。それで混乱が起こり、親鸞教団は危機に瀕します。そこで親鸞は息子の善鸞を義絶します。私の子として認めず、縁を切ることを、善鸞に壮絶な文章で通告します。親鸞のその苦しみがどんなものであったかは、誰も想像できないでしょう。自分の一番身近な人から、自分の最も大切にした教えを否定するような異端が生まれたのです。そしてその苦しみに耐えながら、ずっとその間に『教行信証』やその他の著作活動を続けながら、親鸞は九〇歳まで生きたのです。

8　親鸞の「熊皮の御影」の衝撃

親鸞はどうして九〇歳まで生きたのでしょうか。御影がそのなによりの証拠です。まず、この姿は旅をしています。九歳で山に上り「修行」します。比叡山で「修行」するということは、どれだけ体力を使うか知れません。二〇年間の「修行」、流罪に遭って越後に流され、そこでまた苦労します。その上寒さは一段と厳しく、そのため体力を消耗します。その上、三九歳で関東に行き、そこでもいろんな所で法を伝えながら旅をします。それが旅の姿の「熊皮の御影」と呼ばれる肖像画です。拙著『親鸞とキリスト教』(創元社)の中で広瀬先生はつぎのような自分の経験を書かれています。先生は龍谷大学の学長であられた方で、真宗のお坊さんです。先生はあるとき、この「熊皮の御影」の実物をご覧になったのです。その画を見て「親鸞観を完全に変えざるをえなかった」と言われています。今までは親鸞はやさしい方だと思っていましたが、その絵では動物の毛の脚絆を履き、特別の杖を持っているのです。

頬骨の張った、鋭い眼差しをした、猛々しいとすら言える親鸞が、熊の毛皮の敷物の上にどっかと腰をおろし、手前には二股の把っ手の道中杖を横たえている。どう見ても、いわゆる聖職者という印象を、それから見取ることは出来ないような荒々しい肖像画でした。私はこの「熊皮の御影」を写真ですでに知っていたのですが、実物を眼の前にしたとき、果たしてこれが親鸞の姿なのかと否定せずにはおれませんでした。しかし、どれほど私が否定しようとしても、その肖像画は微動だに致しません。しかも、その肖像画は親鸞没後数十年間も、親鸞を追慕して止まない遺弟子たちの心の底に焼きついていた親鸞の姿であることは、私がどんなに否定しても否定し切れるものではありません。否定しようとすればするほど、私自身が壊れていくような不安におそわれるだけでした。実はその時が私にとって親鸞との新しい出会いの時だったのです。

（広瀬杲『三十数年前の出来事』）

そのとき広瀬先生が「熊皮の御影」の写真をもって来てくれました。それを見て広瀬先生と同様に私もびっくりしました。そのたくましい姿は生き生きとした迫力に満ち、見る者を圧倒させる何ものかを発出していました。親鸞が苦難に満ちた生涯を送り、迫害と困難を克服して、エネルギーに満ちた人格にまで成長した姿なのです。

さて、迫力に満ちた親鸞に似た人は誰でしょう。そう、イエスその人です。ここにも共通点があります。イエスは三〇年間、大工の仕事をしていましたから、丈夫な体をしていたと思われます。その上、三年間の宣教生活は旅に明け暮れた生活でした。旅をすることは体を使います。しかもイエスは福音を宣教しながら、村から村へと旅をしました。親鸞聖人だったら、念仏を唱えながら、人々に念仏を教え、人々に信仰を伝えながら、旅をしたのです。そういう決意の中で体を使い、「行じ」、声を出すことによって非常に強い人間になったのです。同じように、イエスは清貧の中を宣教し、厳しい旅をつづけ、福音を宣べ伝えました。イエスの姿は、眼をもった人にとっては、「神聖な威厳に満ちた方」でした。それと同時に、柔和で謙遜な風貌だったことは確かです。しかし、貧しかったので、質素な服を身にまとい、慎ましい民衆の誰とも親しく話しかけられる方だろうと思われます。そして、旅に明け暮れていたので肥えてはいなかったと思われます。しかし、力強く、御父の御心と同じように、全人類救済の悲願に突き動かされ、圧倒するような迫力に満ちた方だったことは確かです。普通、キリスト者が想像するように、柔和でやさしい方だけではなかったことは確かです。

二　親鸞から学ぶ

1　圧倒的な迫力に満ちたイエスの姿

イエスの姿から学び、自分たちも迫力に満ちた姿にならなければと思います。私は禅の修行からつぎのことを学びました。私が参禅しはじめた頃、大森曹玄老師から言われた一番痛い言葉は「迫力がない」という言葉でした。それは、力がない、活き活きとしていないことです。「スケールが小さい」とも言われました。老師はよく書でその人を判断しました。毎朝、禅に通っていた時、一週間、書の練習をし、最後の土曜日に清書したものを出します。初めのうちは誉めてくれたのですが、しだいに厳しくなってきました。その都度、「スケールが小さい」「迫力がない」などと批評されました。「スケールが小さい」と言われても私には何の意味かがわかりませんでした。ところがある人に「お前ね、スケールが小さいということは一番恥ずべき言葉なのだよ。これほど男として恥ずかしいことはないのだよ」と言われました。その言葉を聞いた私は慄然としました。その言葉は私の身心深く突き刺さりました。私にとってキリストの教えは、頭の宗教になってしまっていました。その上、私は学問をする人間ですから、頭を使います。それでだんだん頭でっかちで、生き生きとしているところがなく、心の狭い、大きな度量に欠けた人間になっていたのだと思います。

今までのキリストの教えは、現代の仏教もそうですが、本当に活き活きとしたものに欠けているように思います。私たちの時代は頭で生きていますので、人間が小粒になってしまっています。政治家も然りです。現代の政治家は、明治の政治家よりずっとスケールが小さいと思います。明治の初め、岩倉具視をはじめとして遣欧使として行った記録を見ますと、全力を尽くしてヨーロッパの情報を収集し、日本を近代国家に建て直そうとしています。彼らは本当にスケールの大きな人物でした。まず、幕府を倒すというときに、フランスやイギリス、オランダなどの勢力が入ってきていました。幕府か倒幕側のどちらかが欧米の助けを借りれば、日本は属国になる可能性があったのです。しかし、それをしませんでした。これは今考えると大変重大なことなのです。なぜなら、当時このようなことが東南アジアでは頻繁に起こり、植民地になった例が多くあるからです。日本が植民地にならなかったのは、やはり当時の政治家たちのスケールが大きかったためと言えます。今の日本人は本当にスケールが小さいと思います。キリストの教えはもともと「キリストの道」でした。キリストの生き方を学び、同じ道を歩むものでした。それがだんだんと、教義が中心になり、キリスト教になってしまったのです。そのために、キリスト者はスケールの小さい人が多くなったように思います。

現代、本当にキリスト教が人々を生かすような、生き生きとしたメッセージを持つとすれば、東洋の修行から学んで「行」をし、キリストの教えを「キリストの道」にしなければならないと私は思います。人間の生活には、いろいろなところに「行」があります。まず旅でしょう。会社の仕事も、家事も正しい方法を用いるなら「行」ずることができます。「キリストの道」で、信ずるということはどういうことを意味するのでしょうか。拙著『身の形而上学』に書いておきましたが、キリストに従うことです。聴き従うことは、キリストと共に「行」ずることです。キリストと共に、貧しい旅の生活に従っていくことに他なりません。キリストが人々から蔑まれたように、キリストを信ずる人は人々から蔑まれるということなのです。ある人がイエスについて行きたいと申し出たとき、イエスはその人に、「空の鳥には巣があるが、私には枕するところもない」（「ルカ」九章五八節）と言われました。イエスを信じ、従うことは、無一物で生きたキリストに従うことです。キリストの教えは、そういう意味で本来「キリストの道」だと思います。

2 「キリストの道」の称名

私たちが親鸞から学ぶべきことはたくさんあります。特にその中でも大切なものは称名だと思います。パウロはイエスの「御名を呼び求める者はだれでも救われる」(「ロマ書」一〇章一三節)と教え、「口でイエスは主であると公に言い表すなら、あなたは救われるのです」(「ロマ書」一〇章九節)と説いています。このパウロの教えを身をもって実行し、イエスの御名を称えるなら、私たちは救われるのです。

その称名の具体的な方法を、私は『ロザリオの新しい唱え方』という小冊子に書き、キリストの教えによる称名の方法を提案しました。それを次の要領で実行してみましょう。

〈呼吸と共に祈るロザリオの唱え方〉

◎大きな意向……天のおん父と主イエス・キリストは「すべての人を救いたい」と強く望んでおられます。これを第一の意向とし、祈りの間中、腹の底に念じておきます。

◎小さな意向……各自、祈りたい具体的な意向を、大きな意向にそえて、すべてをそれに集中して祈ります。

〔主の祈り〕……ロザリオの大珠で

天にましします　われらの父よ

天にましします　われらの父よ

天にまします　われらの父よ
（吐く息一息で一気に勢いよく三度唱え終わって、息を吸います）
〔めでたし〕……ロザリオの小珠で
母マリア　われらのために祈りたまえ
母マリア　われらのために祈りたまえ
母マリア　われらのために祈りたまえ
（吐く息一息で一気に勢いよく三度唱え、息を吸ってまた繰り返します。小珠の数だけ十回繰り返します）
〔栄　唱〕……ロザリオの小珠の最後の珠で
栄光は　父と子と聖霊に
栄光は　父と子と聖霊に
栄光は　父と子と聖霊に
（吐く息一息で一気に勢いよく三度唱え終わって、息を吸います）

これでロザリオ一連が終わります。再び大きな意向を思い出して、それに具体的意向をそえ、それに集中して祈ります。このようにして、五回繰り返しますと、ロザリオ一環となります。

昨年、催した講座の冒頭で「アバー、父よ」と大声を出して皆で一心に祈りました。腹の底から一心に「アバー、父よ」と唱えていると、深いところから聖霊が湧き起こってくるのを体験できます。そしてそれが身にしみて来て、身心全体が聖霊に満ちてくるのです。現代ほど聖霊が必要な時代はないと思います。力、いのち、躍動は、皆、聖霊の「活《はたら》き」です。そのことについて『身の形而上学』に書きましたので、ここでは詳しく説明しません。神は、人間をお創りになるとき土でもって人間の形をつくり、鼻から「いのちの息を吹きかけ」ました。この「いのちの息吹き」こそ私たち人間を生かしているものです。その息吹きとは、ルアッハというヘブライ語で、それは息吹きであると同時に霊でもあるのです。霊と呼吸とは非常に深く結びついています。あらゆる言葉によっても、それを伺い知ることができます。プネウマというギリシャ語も、呼吸と霊のことです。ラテン語のスピラーレとは呼吸することです。そこからスピリトゥス(聖霊)という言葉が生まれたのです。これらの言葉は古代人の宗教体験にもとづくもので、息と聖霊の密接な結びつきを古代人は体験したのだと思います。

『聖書』の教えは身体全体で「行ずる」ことが主眼となっていますから、『聖書』の言葉には非常に身体語が多いのです。それをヨーロッパの神学者たちは、みな精神化してしまいました。実存的な態度と考えてしまったのです。例えば、「腰に帯して」という言葉が『旧約聖書』にも『新約聖書』にも出てきます。神は預言者に、「このメッセージを民に伝えなさい」と言います。民への神の言葉は厳しいメッセージでした。そこで、神のメッセージをそのまま伝えれば、迫害を受けることはわかりきっていたのです。もちろん、預言者たちはこのメッセージを民に伝えるようにと使命を受けたとき、震えおののいたのです。そこで神は預言者に、「だからお前たちは、腰に帯をして行きなさい」と命ずるのです。それは、精神的態度だけではありません。しっかりと帯を締めるのです。腹に力を入れるのです。坐禅をすると、このことがよくわかります。腰帯をすると、下腹で呼吸をすることができ、どんな困難にも負けないだけの生き生きとした力が湧いてきます。

『聖書』の中には、そういう言葉が散りばめられています。「霊」と「言葉」には、非常に深いつながりがあります。言葉は息でしゃべるわけですが、息を出す時に本当に心からしゃべったら、声が下腹から出て来て、霊力を帯びるのです。そのように実行し続けて行くうちに、あるとき、その力が聖霊から発出したことを悟るようになります。それらのことを私たちは東洋から学ぶことによって、『聖書』を新しく読みなおし、現代を活性化するような力をそこから摑み出すことができます。そのとき、私たち自身が活性化する力を身に帯びるようになるのです。そして、初めて私たちは、二一世紀という時代を、霊に満ちた新しさに変革できるのだと思います。

3 「至心」を尽くすこと

親鸞は、誠の心を尽くし、心を本当に純粋化していくことを大切にしました。親鸞は念仏を唱えるとき、「至心」「誠心」をもって唱えなさいと教えます。そして、前述した通り、執着をとっていくことが絶対に必要なのです。例えば、私たちが祈る時、何を祈っているでしょうか。家族の安全とか、受験がうかるようにとか、このような願いの祈りもよいものですが、それは自分のためのもので、イエスは決してそのような祈りはすすめていません。イエスの教えた「主の祈り」をみれば、私が祈るとき、まず第一に何を祈ればよいか、よくわかります。「主の祈り」の初めはつぎのようです。

「天に在します我らの父よ。御名《みな》の尊とまれんことを。御国の来たらんことを。御旨の天に行なわるる如く、地にも行なわれんことを」。この三つの祈りはみな神の方に向かっています。神の栄光がより大いなるものになるように祈るようにと、イエスは教えています。私たちの全身全霊を、全部天上に向けなさい。そうして初めて、「われらの日用の糧をわれらに与え給え。われらが人の罪を赦す如く、われらの罪を赦し給え」と祈ることができるようになるのです。神が私たちに日常の糧を与え、神からすでに罪を赦して頂いているのですから、私たちも人の罪を赦せるようにと祈るのです。そして誘惑に引き入れられないようにしてくださいと頼むのです。日常の糧が必要なのは、私たちがその糧を頂くことによって、神を讃美し、神のためにはたらくためです。神への讃美とそのための奉仕こそ、私たちの祈りの中心そのものです。

キリストの道の中心は「神の栄光を讃美し、敬い、仕える」(『霊操』八六頁)ことです。神の栄光を讃美し、敬い、仕える行為は、私たちを突き動かしている一種の神的ダイナミズムから生まれてきます。このダイナミズムは、人間が創造されたとき、神から与えられた方向づけです。それは人間の身体と実存全体を貫くダイナミズムで、生き生きとした力動性です。この力動性は私たちが意識しようがしまいが、生まれ出たときに、私たちに神から与えられたものです。しかもそれはキリストの十字架によって全人類に恵まれているもの、注ぎ込まれているものです。この点は後述します。私たちはそれに協力し、それに応えて「神のより大いなる栄光のために」と祈りながら、このダイナミズムに動かされて働き、神の栄光を実現して行くことができるのです。

アウグスティヌスはこういうことを言います。「人間が創造される時には、人間の協力は無くても出来た。しかし、救いのわざは、人間の協力無しには出来ない。」創造は神の望まれた通りに行われました。しかし、救いのわざは、神から始まって、人間が協力してはじめて成就されるものなのです。神は独り子をこの世に送って、十字架にかかることを望まれ、それによって懸命に全人類を救おうと活《はたら》いておられるのです。しかし、人間がこの救いのわざを受諾し、それに答えて、協力しなければ、人間は救われないのです。「使徒行録」に記述されている「ペトロの宣教」を読めば、このことは明らかです。

4　キリストの救いは全宇宙に及ぶ

さらに重要なことは、神の救いの活きは、全人類に及んだだけでなく、全宇宙に及んだことです。世界のあらゆるものが救いを待っている。それに伴って、私たち個人の中のダイナミズムは、天に向かって、神に向かっているだけではなくて、全宇宙に向かっているのです。この活きは全人類と全宇宙に向かって活いています。そしてパウロは、このことに関して非常に注目すべきことを言います。「エフェソ書」と「コロサイ書」の中で、飛躍的に新しい思想を展開します。

パウロの書簡にはいろいろありますが、この二つの書簡は、パウロ自身が書いたものではないかもしれません。しかし、パウロの思想を踏まえて、それを展開しています。その意味でパウロ的な書簡です。その「エフェソ書」と「コロサイ書」で、新しい飛躍的な思想が述べられています。どういう飛躍かと言いますと、それまでは全人類の救いということは強調されていましたが、全宇宙の救済については語られてはいませんでした。キリストの救いは全人類に及びますから、異国の民、異教徒あるいは、諸国民の違いを乗り越える力をキリストは持っていました。しかし、「コロサイ書」の中に出てくる根本思想は、宇宙的キリストです。宇宙にはキリストの活きが遍満していると言います。キリストの救いは宇宙の全てのところに及んでいるのです。この確信は「コロサイ書」の中で初めて次のように語り出されています。

ご自分に満ちているものを、御子(キリスト)のうちに宿らせ、その十字架の血によって平和をもたらし、地にあるもの天にあるものも、万物を御子を通じて、ご自分と和解させられました。

(一章一九—二〇節)

今日、分裂と抗争の危機によって宇宙の調和が破壊されつつあることは、明らかです。しかし、慈しみ深い「父なる神」は御子キリストの十字架を通して万物と和解し、宇宙に平和と調和を取りもどしておられるのです。神の和解の努力も人間の協力によって実を結ぶのです。ですから、宇宙に平和と調和を再び取りもどすために、人間は力を尽くし努力せねばならないのです。私たち人間の責任は重いと言わねばなりません。

5　親鸞の教えと「キリストの道」の相違点

両者の相違点を知るために、まず親鸞にとって「真実の教え」とは何かを、あらためて明確にしておきましょう。親鸞は『大無量寿経』(『教行信証』第一巻)の中にこの「真実の教」を発見します。「願成就の文」です。その主意だけを解説します。

十方世界の数限りない諸仏は皆共に無量寿仏(阿弥陀如来のこと)の大いなる功徳が不可思議であることを讃嘆している。迷いの中に流転しつづけるすべての衆生は、これらの諸仏の讃嘆する阿弥陀仏の名号を聞いて、歓喜に満ちて一念の浄らかな信を得る。この浄らかな信は、阿弥陀仏の本願の不可思議な「活き」によって起こされた心である。この「浄らかな信」によって衆生の心に仏の真実の国に生まれたいという切なる祈りが起こるだけでなく、その祈りは満たされる。満たされるだけでなく、どんな困難にあっても退転することのない境地に達する。

このように起こって来た「浄らかな信」は「南無阿弥陀仏」と唱える行と一つなのです。なぜなら、「南無阿弥陀仏」とは「帰命十方無碍《むげ》光《こう》如来」(世親の『願生偈』)ということだからです。「帰命十方無碍光如来」とは「我は、尽十方世界を照らす無限の光(無碍光)たる如来を一心に純一に信ずる」という意味です。

親鸞は九歳から四三歳までの三〇年間、はてしない闇の中をさ迷ってきましたが、法然と出会って、世親や曇鸞《どんらん》や法然などの祖師方が阿弥陀様の功徳の不可思議さを讃嘆するのに出会い、「阿弥陀の本願」の功徳によって「浄信」が起こり、「阿弥陀の本願」を信じ、「南無阿弥陀仏」と純一に唱えることができるようになりました。それだけでなく、不退転の信仰に入り、浄土(無限の光の世界)に生まれ変わったのです。

ところで、親鸞にとって「救済」とは単に如来の大悲に摂取せられて、幸いと感ずるだけではないのです。もっと積極的な意味をもっています。救いとは、不退転の信を得て、阿弥陀如来の証《さと》りに到るべき身に定まった人々の集いに入ることです。親鸞が信ずるのは、大乗仏教ですから、求道の究極は、如来の無限の証り(涅槃《ねはん》)に達し、この世においてすでに無限の光の世界(浄土)に生まれ、阿弥陀の本願の信に生きる同胞と共に報恩の生涯を送ることなのです。

このように考えて来ますと、親鸞の教えとキリストの教えとは根本的に相違していることがわかります。その相違を列挙してみましょう。第一に、阿弥陀仏は、歴史的に実在した人物ではなく、歴史的人物釈尊の悟りの無限の「智慧の光」を指します。ところが、イエス・キリストは人類を救うために「人間となられた神」ですから、無限絶対の神でありながら、ご自分をむなしくして人類の歴史の中に降って来て、歴史的人物になりました。第二に、親鸞にとって「救い」とは、阿弥陀如来の証りに到ることです。それはこの世においてすでに「無限の光の世界(浄土)」に生まれ変わることに他なりません。ところが、キリストの教えによる「救い」とは、キリストの十字架と復活の功徳によって「神の国」に入ることです。「神の国」とは、私たちが神の「永遠のいのち」(「ヨハネ」一章二節)に与かり、「神の子」になり、神との至福の交わりに入れて頂くことなのです。キリストの十字架と復活が全人類に救いをもたらしたことを信じ、洗礼を受けるならば、この世でもすでに「神の子」になり、「神の国」に入るのです。しかし、この世では「神の子」であることは充全に顕われていません。ところが、死後、神をありのままに観て、神の至福に入ることができるようになるのです。

6　神は対象化できない方

さて、阿弥陀は仏陀の悟りの無限の活きです。智慧と慈悲の活きで、人々を悟りへと向かわせるものです。人はその活きと一体化することによって悟りに達することができるのです。仏教は、自分と仏が分かれるということを非常に嫌います。そこで阿弥陀の活きが私の中で活き、そして阿弥陀の証りと喜びが、私の証りと喜びになり、一体となるのです。それは一種の深い神秘体験だと言ってよいと思います。親鸞は非常に深い喜びに打たれます。その深い喜びは、念仏を一心に唱えるときに湧いてくると説いています。しかしその時に対象がないのです。対象があったらだめなのです。

では、キリストの道には、神という対象があるのではないか、仏教徒から言えばそれは不徹底であるということになります。私もたびたび仏教学者からそう言われたことがあります。しかし、私はこう答えます。キリストの教えに対象がないかというと、実はあるのです。つまり、神を対象化することは何の活きかというと、意識のはたらきです。では、キリストは信仰の対象ではないのでしょうか。これもまた大きな問題になります。キリスト者にとって、キリストは私たちの信仰の中心であり、歴史的人物ですから、それは対象になります。ところが、キリストは今、その肉を含めて神化されました。キリストは神的な次元に高められたのです。神的になられたということは、人間の理性の対象にはならないのです。つまり理性では対象化できないのです。ですから神秘体験は必ずイメージもなくなり、概念もなくなり、全てがなくなってしまうのです。ところが、「神が私と共におられる」という現存意識があります。神はあくまで見えませんが、「神が私を無限の愛で愛しておられる」自覚があります。

その自覚が起こるのは、イエスの生涯の観想を通じてです。イエスの生涯を観想するとき、イエスは観想の対象になります。しかし、見えるイエス(歴史的人物)を通じて見えないもの(神)に飛躍しなければ、本当の観想になりません。「神は見えないものです」(「出エジプト記」二四章九節以下、「イザヤ」六章五節、「ロマ書」一章二三節、「ヨハネ」一章一八節)、その「見えないもの」が見えるものになったのです。イエスは「見えない神の姿」(「コロサイ」一章一五節)です。この「姿」から、「見えない神」へ飛翔しなければならないのです。私たちに神の霊が注がれていますので、私たちはこの飛翔を行うことができるのです。そのために、私たちは神に触れ、神と一致できるのです。その結果、神は見えませんが、「神が私と共におられる」と知ることができ、「神が私を無限の愛で愛しておられる」ことを確信できるのです。この飛翔は次のような長い浄化の過程を経てはじめて起こるのです。

私たちが祈って、一所懸命にキリストの教えた言葉を唱えていきますと、それがだんだんわかってきます。はじめのうちは神を対象化して祈っていますが、喜びが湧いて来て「恵み深い神」というようなイメージがでてきます。しかし、一心不乱に唱えていると、イメージがなくなります。何も見えないので、真っ暗なところに出てきます。そして浄化がずーっと起こるのです。浄化は長いものです。これは親鸞もそうでした。親鸞は生涯浄化をして苦しんだのです。その後に初めて本当の深い神秘体験をしました。キリスト教の場合はなおさらそうです。

十字架の聖ヨハネによれば、二つの暗夜を経験しなければなりませんでした。「感覚の暗夜」と「霊の暗夜」です。まず、あらゆる感覚的な執着を浄化しなければなりませんでした。そのために真っ暗なところに入っていかなければならなかったのです。神は感覚だけではなく霊ですから、もっと高い「霊の領域」でも人間は浄化されなければなりません。そうするとそこではもう人間の理性の光が全然はたらかなくなるほど「闇」、つまり「無」(スペイン語で nada〔ナーダ〕)である。無にされて、人間になり、御自分を顕わされたのです。私たちも無にならなければ、御自分を無にされた神とは一致できません。神がご自分を顕わして、無になった人間と一致されるのです。本当に無になったときに、神が全てとなります。神が全てとなれば、その人は至福になるのは当然でしょう。では神はどこにいるのでしょうか。神はどこにでもいるのです。神のいないところなど、どこにもありません。神のおられるところが「天の国」ですから、私たちも完全に浄化されて、神と一致するなら、実は私たちはすでに「天の国」の真只中に生きているのです。しかし、私たちは沢山のものに執着して、浄化されていませんから、天国の真只中に生きていることを知ることができないのです。完全な浄化を遂げた神秘家たちのみが「天の国」の前味を味わうことができるのです。

ここで一つ「行」をしてみたいと思います。姿勢を正しくしましょう。聖霊が私たちの中で「アバー、父よ」と叫んでいると聖パウロは教えます。「私たちの身体は聖霊の神殿である」とも聖パウロは教えています。私たちのこの身体がです。精神ではありません。その生身の身体は聖霊の神殿なのです。そしてその聖霊の神殿で、聖霊は私たちの腹の底から、「アバー、父よ」と唱えています。いや、叫んでいます。その聖霊の叫びに合わせて、私たちも肚の底から「アバー、父よ」と唱えましょう。だんだんだんだん声を大きくし、力強く肚の底から唱えてみましょう。呼吸を調えながら、「アバー、父よ」と叫びながら、肚の底から吐き出しましょう。息と呼吸と声が響き合って一つのハーモニーとなって、だんだんと気持ちが静まってきます。「アバー、父よ」と何度も唱えましょう。キリスト教信者の方は、御聖体拝領したときに唱えてみてください。キリストが私のこの身において顕現なさり、「アバー、父よ」と唱えておられることを確信するようになることが起こるかもしれません。特に、人生の危機的状況(重い病気、癌の告知、仕事の失敗、左遷)に立たされたときに、この祈りを実行してみてください。キリストはこのような危機的状況に直面した人たちのところにやってこられ、共に生き、危機を乗り越えることを可能にしてくれるのです。「医者を必要とするのは、丈夫な人ではなく病人である」（「マタイ」九章一二節）と言われたイエスを信じて、一心にこの祈りを全身で唱えてみてください。必ず、イエスは私たちのところに来て、救い出されます。これは、私のみならず、多くの人たちの体験によるものです。

7　詩篇を唱える――親鸞の和讃に倣う

キリストの教えの長い伝統に、「詩篇」を共同で唱える習慣ができ、現代でも修道院や教会で行われています。修道院では、毎日のミサのとき、答唱詩篇が唱えられます。教会では、朝晩「教会の祈り」（四週間で「詩篇」一五〇全部を唱えます）を共同で祈ります。教会では、毎日のミサのとき、答唱詩篇が唱えられます。「詩篇」はもともとヘブライ語の詩ですから、荘重なリズムをもった美しい詩なのです。日本語訳では、それを充分味わえないと思いますが、その一つをここに引用します。日本語のリズムに乗るように、語尾を伸ばして、四調子を五調子にしたり、一部を変えてあります。

ハレルヤー（五）

1　聖所でー（五）　神を（三）讃美せよ（五）
大空のー（五）皆でー（五）　神を（三）讃美せよ（五）

2　力強いー（七）御業のゆえに（七）　神を（三）讃美せよ（五）

大きな（三）力のゆえに（七）　神を（三）讃美せよ（五）

3　角笛を（五）吹いて（三）　神を（三）讃美せよ（五）
琴と（三）竪琴を（五）奏でてー（五）　神を（三）讃美せよ（五）

4　太鼓に（三）合わせてー（五）踊りながらー（七）　神を（三）讃美せよ（五）
弦を（三）かき鳴らし（五）笛を吹いてー（七）　神を（三）讃美せよ（五）

5　シンバルを（五）鳴らし（三）　神を（三）讃美せよ（五）
シンバルを（五）響かせて（五）　神を（三）讃美せよ（五）

6　息あるものは（七）こぞって（三）　神を（三）讃美せよ（五）
ハレルヤー

（「詩篇」一五〇）

この讃美の「詩篇」を深い信心をもって、呼吸のリズムに合わせて、ゆっくりと唱えると、心が落ち着いてきて、平安と喜びに満たされてくるに違いありません。

第Ⅳ章
道元に触発され、キリストの道に参入する

1 道元の家柄と出家・修行

「月見の御影」と呼ばれるこの道元禅師の肖像は、最もよく道元の風貌を伝えているとされています。道元は一二〇〇年、京都に生まれました。父は内大臣を勤めた久我通親であり、母は関白太政大臣の息女であると言われています。この道元の御影には、高貴な出自の人、また、厳しい修行に専念した人としての面影が現われています。道元は三歳の時に父を、八歳の時に慈母を亡くしています。道元の母堂は大変不幸な人生を送った女性だったようです。この不幸な母の死に出会って、この世が無常であることを痛感します。この無常感の体験がだんだんと深まって、無常観になるまで成長します。この無常観こそ道元禅師の宗教体験の根底をなすものでした。

道元は一四歳で出家しますが、身分の高い家柄でしたので比叡山の座主の公円によって剃髪を受けています。このあたりが親鸞聖人や日蓮聖人と違うところです。比叡山では順調な修行をしていたと思われます。親鸞や日蓮と比べてみますと、道元には非常にすぐれた教養が備わっていたようです。現在残されている文章を見てもそのことがわかります。道元によって書かれた『正法眼蔵』は、非常に品格の高い、こなれた和文で書かれています。これを朗読し味わってみますと、リズミカルな非常にすばらしい文章であることがわかります。これはやはり道元の幼少からの教育がそこに滲み出ているものと思われます。

比叡山で順調な修行をしていた道元ですが、一七、八歳にかけて、大疑団に襲われます。これは親鸞聖人のように、修行が思うようにできず、肉欲が盛んであることとは違い、その大疑団は「一切の人間は本来仏《ぶつ》の本性を備えているのに、なぜ修行しなければならないのか」という疑問でした。これは仏教全体の疑問であると言ってもいいと思います。仏教では、私たちのこの身は「仏のいのち」の現われであると言われます。にもかかわらずなぜ修行しなければならないのか、ということに道元は疑問をもったのです。菩薩とは、修行することによってその功徳を廻向して、一切の衆生を済度しようという誓願を立てた人のことを言います。修行をするのは、一切の人々と全宇宙の救いのためで、悟りを得るためではありません。これは大乗仏教の一番大きな根幹をつく思想です。

キリストはこの世に生まれ、貧しい生活をし、貧しい人々に福音を伝え、ついに十字架上で死に、復活しました。これらの行為すべては全人類救済のためです。キリスト信者(キリストの歩んだ道に従う者)もキリストに倣って、すべての行為を全人類の救いのために献げるのです。その典型的な生き方が修道生活です。「衆生済度」と「全人類の救い」ということでは両者は共通しています。

道元禅師の「月見の御影」(宝慶寺)(今枝愛眞『道元』日本放送協会，1976 より)

さて、菩薩でさえ、修行しなければならず、修行することによって一切の衆生を済度する功徳を積むのです。仏教の本来の教えからすれば、全人類も万物も仏性（仏のいのち）の現われなのに、どうして菩薩が修行をしなければならないのでしょうか。また、衆生は本来仏なのに、どうして菩薩の「衆生済度」の修行が必要なのでしょうか。これが道元の疑団でした。そうならば、その疑団はただ道元の個人的な疑団というよりも、人間全体の疑問ということになります。「人間とはそもそも何か」という疑問でもあるわけです。しかもそれは、大乗仏教全体の本質に関する疑問でもあったわけです。

一八歳の時、道元はこの大疑団を解決するために、比叡山を下り、三井《みい》寺の座主公胤にこの疑問を打ち明けました。公胤は京都の建仁寺で禅の修行をすることを道元に勧めました。そこで道元は建仁寺で参禅することになります。建仁寺では、栄西が中国で臨済禅を学び、それを念仏と併せて教えました。その栄西の一番弟子、明全から道元は禅の指導を受けます。明全のもとで参禅に励んだ後、二二歳で付法《ふほう》を受けます。つまり修行はもう終わったという証明を受けたわけです。足掛け五年の月日は少し早いようですが、これも栄西禅がまだ不完全だったせいでしょうか。道元自身、自分がまだ本当に透徹した所に立ったとは思えず、どうしても満足できませんでした。そこで明全と一緒に入宋することになります。明全も自分の禅が不完全であることを自覚して中国に渡りました。しかし、明全は途中で病に倒れ、中国で亡くなってしまいます。道元は明全の遺骨を手厚く法要し、日本に持ち帰っています。

2 老典座との出逢い

道元は入宋して一つの大きな出来事に遭遇します。よく分かりませんが、何らかの理由で道元だけ船に残されてしまいます。節句の前の日、五月四日のことでした。年老いた典座が船を訪ねてきました。典座とは禅寺で台所の仕事をしている僧のことです。その典座は明日の節句のために椎茸を買いに来たのです。六四歳になるこの老典座は、椎茸を買い求めたら、すぐにお寺に帰ると言います。これを聞いて道元はびっくりして「お疲れでしょうから今晩ここにお泊まりになったらどうですか」と引き止めました。すると老典座は「典座の役目は私にしかできない大切な仕事だからすぐに帰る」と言うのです。その態度から道元は、その典座が立派な修行者であることを認め、いろいろと質問をします。

後になって、道元は『典座教訓』という書物を書きました。その中にその時の問答が記されています。その質問の一つに「弁道とは何か」があります。道をどのように判断し、磨いていくかということです。そこには、道元がこれまで弁道をどのようにやってきたのかが示されています。道元は栄西の下で臨済禅をやってきました。そこでやっていたものは公案禅でした。道元はこれまで一所懸命坐り、公案を練って、その回答を老師のところへもって行き、それがいいかどうか調べてもらうといった禅をして来ました。そんな道元にとって、典座のような仕事をしていて、どうして弁道ができるのか、という疑問が湧いてきたのは当然だったでしょう。つまり、道元は頭が良かったので、今までの公案禅に慣れ親しみ、ある意味で悟りやひらめきを大切にしてきました。ところがこの老典座は、そんな道元に「あなたは弁道というものを知らない」と言うのです。これは、典座の仕事が弁道そのものであり、道を究めるためのものであるということを言おうとしていたのです。当時の道元にはそれはわかりませんでした。

このことは、その後、その老典座に再会して、もう一度同じ質問をしていることからもわかります。道元が老典座にしたもう一つの質問は「文字とは何か」ということでした。道元はこの老典座に再びショックを受けたのです。今まで文字とは、公案であり、祖師方の言葉（そこには深い意味があり、これを契機として悟る言葉）だと思っていました。ところが老典座にとって、文字とはそんな意味ではないのです。再会した時の老典座の答えを先取りして述べますと、文字にはキリスト教的な考え方、旧約聖書的な考え方ととてもよく似たところがあります。それは「仏のいのち」に活かされた一切の事物こそ文字であるというのです。この老典座にとって、料理の素材を活かし、最もおいしい料理を作って修行者を養う仕事をすることが典座であると考えていました。そして、大根も菜っ葉も味噌も水もあらゆるものは人のいのちを活かすものであり、究極的には大根も菜っ葉も人間もすべて「仏のいのち」なのです。それらを最大限に活かすことこそ、文字を極めることであると老典座は考えていたのです。

禅は不立文字（経論の文字を大切にしない）を説きます。道を究めた後年の道元にとって書かれた文字は本当の意味の文字ではありません。本当の「文字」とは、「仏のいのち」を指しますが、「仏のいのち」に生かされた事物一切をも指します。道元の歌に「春は花　夏ほととぎす　秋は月　冬雪さえて　冷しかりけり」というのがあります。道元にとって春に花が咲くことも、夏にはほととぎすが鳴くことも、秋には月が照り、冬には雪が降ることも、「仏のいのち」の現われであり「文字」なのです。こう考えますと、読者も老典座の上述の意味がおわかりになったと思います。

この禅の「文字」はキリスト教の「言葉」とよく似ているところがあります。『聖書』で言葉とは「ダバール」（ヘブライ語）と言いますが、それは「言葉」や「事」・「出来事」を指します。神の「光あれ」というダバール（言《こと》）は、そのまま「光ができた」出来事なのです。天地創造の現場では、「光ができる」出来事はそのまま神の「光あれ」という言葉なのです。神の「言葉」はある事物を創り出す「活《はたら》き」（神のいのちの躍動）です。ですから、創られたすべてのものは神のいのちの現われです。ある意味で神の「言葉」だと言えます。神が創られたものを通じて、私たち人間に語っているのです。

もう一つ重要な考え方は、典座の仕事の中に悟りがあるという考え方です。つまり「行中に証あり」という考え方です。それを言い換えると「仏道は必ず行によって証入しなければならない」とも言えます。悟りに入るためには、行《ぎょう》を必要とするということです。キリスト教も本来はそうです。神の教えにしたがって行なう行ない全ては神のより大いなる栄光のためになる行です。行によって、基本的な意味での悟りがあらゆる生活の隅々にまで躍動するのです。自分の日常生活の行ない、掃除から洗濯にいたるまで全てを神の命のままに行なうことによって、そのような日常生活の物事を活かし、さらに人々を活かしていくことができるのです。それこそ本当のキリスト教的な悟りと言えます。

後になって道元禅師は、修行と証悟を離さないという中心的思想を確立しました。これは道元禅師のすばらしい発見の一つです。つまり、修行することによって悟りを得るのではなく、また修行の結果悟りが得られるのでもない。そうではなく、修行そのものに悟りが含まれているということです。そして修行は悟りと離すことができないのです。だから、もう悟った、もう修行しなくてもいい、ということはあり得ないわけです。悟れば悟るほど修行することによって、もっと深いものに達することができるのです。そこで「修証一等」という言葉が言われるようになります。このような老典座との出来事以来、道元の目は開かれ、今まで公案禅を一所懸命やり、頭を使って公案を解くことを中心にしていましたが、行ずることこそ最も大切にすべきことだとわかったのです。

3 正師・如浄に出逢う

典座との邂逅の後、二年間いろんな老師の間を歩き、歴参しますが、本当の正師に巡り逢うことができませんでした。その中の二、三の老師から「もう、あなたは充分修行しているから、印可状をあげよう」と言われましたが、道元はそれを断わり、さらに懸命に正師を求めます。なかなか良い師に出逢えず、もう日本に帰ろうかと思っている時、ある人から天童山に如浄という禅匠が弟子たちを接化しはじめたこと、今の中国の中で第一の師家であると聞き、そこに駆けつけて相見します。この出逢いは荘厳な出来事として、『正法眼蔵』の中に書かれています。それは道元が二六歳の五月のことでした。如浄のもとで修行を始めた道元を如浄は非常に高く評価します。その一つの証拠に、道元は如浄から侍者になって欲しいと言われます。如浄禅師は道元のすばらしい人格を見、そして修行もすでにできていると見て、自分の側において侍者という役をさせようとしたのです。しかし、道元はそれを辞退します。僧堂には五〇〇人から六〇〇人もの修行者がいるにもかかわらず、まるでその中に侍者がいないかのように、日本から来たばかりの若造が、侍者という重要な役目に任命されることはふさわしいことではないと思う、と辞退したのです。道元はその後ひたすら坐禅に励みました。

如浄は、頭の鋭い方でしたが、情にも深い方でした。その時すでに六五歳になっていましたが、朝から晩までずーっと皆と一緒に修行することを欠かさない、本当の行の人でした。ある時、朝早くから起きて修行僧たちが坐禅をしている時のことです。その中の若い僧が居眠りをしていました。如浄はそれを見てツカツカと下りてきて、草履をとってその僧を強く打擲しました。「坐禅は「身心脱落」の行である。聖なる行である。それなのにお前は眠っている」と大声で叱咤激励したのです。その言葉を側で聞いて、道元は大悟します。そして、道元は坐禅が終わってすぐに、如浄の部屋に参禅し、「身心脱落」したことを告げます。すると如浄は、道元の言葉を裏返して「脱落身心」と言って、その体験が本物の大悟であることを証明しました。

では、私たちの普通の意識では、どのような悟りに達した時を「身心脱落」というのでしょうか。私と自然との間には壁があります。仏と私の間にも壁があります。道元は、その壁がなくなることを「身心脱落」という言葉で表わしたのです。つまり、他者と一体になり、大自然と一体になり、仏と一体になることを道元禅師自らが体得したのです。人間である「私」がここに静かに坐っていても、この「私」は全宇宙と一体であることを悟ったのです。如浄禅師と一体、仏と一体、釈尊と一体であることを実感することです。

如浄は「身心脱落」という言葉を逆にして「脱落身心」と言いました。なぜそう言ったのでしょう。「身心脱落」は、身体を抜け出して別の世界に行くというように考えられがちですが、そのようなことではありません。脱落した身心そのものが、実は「あなたである」ことを言おうとしたのです。意味がわかるとなかなかいい言葉です。私たちのこの生身の身体、煩悩でいっぱいのこの身体が、このように、大自然と、宇宙と一体なのです。これは道元禅師の宗教体験の核になっているものです。この世は無常です。やがて一瞬一瞬が滅びて行きます。それにもかかわらず、「仏のいのち」が私たちに活《はたら》いて、一瞬一瞬が活かされているのです。その「仏のいのち」は万物と一体です。自分は一人ではありません。この宇宙全体があって、はじめて私が存在します。私があって宇宙があるのです。

この後、道元は修行を次第に完成していき、二八歳の時に「嗣書」を授与されます。今でもこの如浄から道元に授けられた「嗣書」は残され、国宝に指定されています。「嗣書」には、釈尊から法が伝わって、如浄禅師から道元禅師に伝えられていることが書かれています。このように法が水平的に代々に伝わってきていると同時に、釈迦から垂直的に認証を受けたことも示されています。

如浄から印可された道元は帰朝します。その時、有名な言葉を残しています。それは、「空手にして帰る」という言葉です。それは何も持っていないことです。もちろん「嗣書」や如浄の頂相（肖像画）に賛を書いたものなどは日本に持ち帰りましたが、その他はほとんど持って帰りませんでした。道元はこの数少ないものにさえも執着しませんでした。

「空手にて帰る」とはこのような深い意味のある言葉なのです。空海という大変有名な宗教家がいましたが、この方が日本に帰ってきた時には、たくさんのお経やいろいろな密教の用具を持ち帰ったと伝えられています。その空海の請来物のリストは今でも残っています。道元は空海とは全く逆に、空手で帰ってきました。そこには何の執着もありませんでした。ここに禅の本質があります。仏陀の悟りの本質があります。キリスト教と対比すれば、「ルカ」一四章二六節で「自分の弟子になりたいと思うものは、全てを捨てて弟子になりなさい」とのイエスの言葉があります。全てを捨てなければキリストの弟子になることはできないと言うのです。道元の精神はこのキリストの言葉に通ずるものがあると思います。

さて道元は帰ってから建仁寺を仮の宿とします。そのころの建仁寺はだんだん堕落してしまっていました。そこで深草の安養院へと移って、『普勧坐禅儀』を書きます。普勧とは、全ての人にすすめるということですから、全ての人に坐禅をすすめる書です。坐禅は特別の人がやるものではなく、全ての人が行なうものです。しかも、全ての人が悟ることができると書いてあります。坐禅そのものが目的で、「悟りを得るため」とか、何か特別な目的を持って坐禅をしてはいけないと書かれています。また、そう言うことを道元は非常に厳しく戒めています。この書の一番最初に、有名な「道本円通《どうもとえんづう》」という言葉があります。道は私たちが歩むべき道《みち》の原動力（道《どう》）のことで、その歩く道の一歩一歩の中に「仏のいのち」の活きがあり、そのいのちの活きが全宇宙に遍満して、人々を悟りへと導きつつあることを大前提にしています。自分で坐禅して悟るのではなくて、道という「仏のいのち」が躍動して、私たちの身体に満ち満ちていることに目覚めるために坐禅をするのです。このような思想もキリスト教の理解を非常に助けてくれます。

さらに『弁道話』を書きます。この『弁道話』に書かれているポイントは、万人のために法を説くことをテーマにしていることです。そこに「弘法救生」という言葉が出てきます。その意味は、法を広め一切衆生を救うということです。これが道元禅師の願いの全てでした。そのために修行をするのです。捨身求道というように、身を捨て道を求めるのです。その後で、捨命利他、つまり命を捨てて他人の利益のために法を説くこと、これが道元の一生の願いになります。このように一切衆生を救済しようという願いが坐禅の根本精神なのです。私が主催する団体「道の共同体」でも、私と共に坐禅をする人は、キリスト信者である人もそうでない人も、一緒に四弘誓願の中の第一である「衆生無辺誓願度」という言葉を唱えます。キリスト教にもよく似た思想がありますので、仏教徒と一緒にこの誓願を唱えることができるのです。キリストは十字架によって全人類を救おうという願いをもっていましたから、キリスト信者はキリストの弟子としてこの願い、人類救済の悲願を身に帯びなければならないのです。

さて、道元禅師は三四歳の時にはじめて、興聖寺というお寺を建てます。日本に帰って六年ほど経って、ようやくお寺が完成します。後に『正法眼蔵』という本にまとめ上げられますが、そこでいろいろな巻を書き始めます。さらに、三七歳の時に興聖寺を開堂します。開堂とは、正式に禅堂を開くことです。経済的な配慮や建築の問題などさまざまなことがあって、長いことかかって完成することができました。この頃、懐奘という人が弟子になります。懐奘は道元禅師より年上の人で、学識の高い人でした。はじめ、道元禅師をやっつけてやろうと思って道元を訪ねてきます。しかし道元禅師の人柄と教えに感動して、弟子になります。道元も懐奘の立派な人格を見て、首座という一番弟子としての位につけます。

四四歳のとき興聖寺が焼き捨てられるという事件が起きます。しかしこのことについては道元禅師は著作の中でも一言もふれていません。これはどうも比叡山の僧兵によって焼かれたのではないかと考えられています。三七歳からこの焼き討ちにあう四四歳になるまでの七年間、彼は『正法眼蔵』四一巻の著述に専念します。『正法眼蔵』は七五巻から成っていますが、そのうちの四四巻がこの時に書かれたものです。

4　越前に隠棲

四四歳の七月の末、越前に赴きます。そして四五歳の時、今の永平寺がある近くに大仏寺を開堂します。どうして越前に行ったのかは、親鸞がどうして関東に行く気になり、また関東から京都に帰ってきたのかと同じ疑問を私たちに抱かせます。

越前に赴いた第一の理由は、道元は、如浄との別れ際に「山に住んで修行し、そこで弟子たちを育てよ」との言葉を受けました。それで師の言葉を実行して山の寺に籠ろうと越前に行ったのだと思われます。そして山の中の厳しい環境に身を置いて修行に明け暮れました。如浄の下で修行三昧をして過ごし「只管打坐《しかんたざ》」(ただひたすらに坐ること)を教え込まれました。前述しましたが、その後、苦労して興聖寺を建てましたが焼き払われてしまいました。その後、また苦労して大仏寺を建て、四七歳の時その寺を永平寺と改名します。この期間、『正法眼蔵』が書き継がれます。北陸は寒く、いろいろな困難に見舞われ、多忙な中を営々と書き続けて行きます。『正法眼蔵』は読むと大変難しいものですが、よく読んでいくと大変な書物であることがわかってきます。四八歳の時、縁あって鎌倉に呼ばれます。どうして鎌倉に行ったかはよくわかっていませんが、おそらく鎌倉幕府の命によるものでしょう。しかし、結果的にこれは失敗に終わります。彼にとってこれらの出来事は非常に大きな体験だったと思われます。彼は四九歳の時に永平寺に帰山し、それから六年間永平寺を絶対離れない願を立てます。永平寺に帰山した時にも、すばらしい言葉を残しています。

五四歳の時、病が重くなり、京都で病を癒して欲しいという弟子たちの懇望によって、京都に行きます。そして高辻の西洞院というところに寄寓します。ここでおもしろい出来事に遭遇します。時を同じくして親鸞がちょうどその横の道を隔てたもう一つの館にいたのです。また、親鸞の息女が道元を世話をしていた武家と関係があったということも分かってきました。今では、その関係に基づいて道元と親鸞が出逢ったのではないかとさえ言われています。それはどんな出逢いだったのでしょうか。想像すらできません。親鸞の方から言えば、禅は「自力」の宗教であるというイメージがあったと思いますが、道元禅師の禅は、決して自力ではありません。そのことはしっかりとおぼえておいて欲しいと思います。道の活《はたら》きがまず前提にあり、それが活くことで坐禅があります。だから坐禅がそのまま悟りと言うことになります。この点では、親鸞と道元の思想は一致します。後で説明しますが、キリストの教えもこの点では似ています。

このことはすばらしい文章の中に残されています。『正法眼蔵』に「生死」という小さな巻があります。この巻では生とは何か、死とは何か、という重大な問題が問われています。この巻の中には、ある意味で非常に他力本願的な言葉が使われていますが、仏の活きと自分の働きと、そして悟りが同時に起こることが書かれています。

この生死は、すなはち仏の御いのちなり、これをいとひすてんとすれば、すなはち仏の御いのちをうしなはんとするなり。これにとどまりて、生死に著すれば、これも仏の御いのちをうしなふなり。仏のありさまをとどむるなり。いとふことなく、したふことなき、このときはじめて、仏のこころにゐる。ただし心をもてはかることなかれ、ことばをもていふことなかれ。ただわが身をも心をも、はなちわすれて、仏のいへになげいれて、仏のかたよりおこなはれて、これにしたがひもてゆくとき、ちからをもいれず、こころをもつひやさずして、生死をはなれ仏となる。たれの人か、こころにとどこほるべき。

親鸞は、仏の活きが全てという考えを持っていました。そこに道元といくらか違うものがあります。これは坂東先生のご意見ですが、浄土宗の方は、道元の「生死の巻」を浄土真宗の門徒に与えた書であると考えておられます。修行は、仏の活きに促されて、それに全身を任せて打ち込むことです。そうすると仏のかたより行われて、つまり、無理にではなく自然《じねん》に仏になるということが、この「生死の巻」に書かれています。これはもはや自力、他力を超えた言葉です。こういう言葉を見るにつけ、親鸞と隣に寄寓していたことは、奇しき縁だと思われます。道元と親鸞はお互いもう一つの点で共通点があります。それは『法華経』です。一生の最後に道元も親鸞もこの経を尊重しています。道元は死を前にして、西洞院の部屋の柱に法華経の断簡を書いていました。

道元禅師は八月二八日入寂します。五三歳でした。満で言えば五二歳です。親鸞のほうはその後九〇歳まで生きています。

5　出家の必要性

道元禅師の肖像画の顔には、いかにも清らかな禅僧であることがうかがわれます。親鸞は結婚していましたが、道元は生涯独身でした。道元は出家を非常に大切にしました。晩年には『出家』と『出家功徳』という二つの巻を著しています。ここには、どうして出家が必要であるかが、説かれています。しかも、最晩年にそれを説いているのです。その最も大きな理由は、家庭生活を営むことによって心が散り、物に執着し、自我から解脱できないということです。これはキリスト教の修道生活の考えとよく似ています。パウロは結婚生活と神に仕える生活の違いについて話しています。結婚生活をすれば、夫のこと、あるいは妻のこと、そして子供のことなどを考えなければならず、心が散ります。神に召されて修道生活に入る人は、神だけを、人々の救いだけを考える生活に容易に入れます。これが出家を尊重する理由です。もう一つ、道元禅師が出家を強調する理由は、無明(迷いの根本、自分がもともと無であることを知らないこと)を滅するため、自己の執着心から逃れるにはどうしても出家が必要だと説いています。

キリスト教から言えば、ニュアンスは少し違いますが、次のようなことが言えるのではないでしょうか。修道生活では、清貧・貞潔・従順の三つの誓願を立てます。清貧とは、私有権全てを捨てることです。貞潔は、性的な欲望を全て捨てることです。従順は、自分の意志・自由を完全に神に捧げるために目上に従うことです。この三誓願の主旨は道元禅師の思想に非常に似ています。道元禅師の言葉で言えば、無明から自己執着が生じ、迷いの闇に落ち、人はこの自己執着のために目がつぶれてしまうのです。しかし、出家して、全てを捨てることによって、はじめて無明を打ち砕くことができると言います。これをキリスト教的に言えば、修道生活の清貧・貞潔の誓願で、この世の物への執着、肉欲への執着を断ち切り、従順の誓願で自我への執着を滅却します。この点で道元の出家の理由(無明の滅却)に似ていると言えるでしょう。しかし、カトリック教会の修道生活の三つの誓願には道元思想にはない、キリスト教的な深い意味があります。特に修道生活の中で従順が非常に重要視されるのも、現代的意味があるからです。従順は物質的な豊かさの中で自由を謳歌している現代人にとっては難しいことだと思います。自分の考え、自分の好み、自分の望み、自分の意志を現代人は強く持っています。それを捨てるのですから、現代人には非常に難しいことだろうと思います。しかし、これらを捨てて神の御意志に従うことによって、つまり、神の愛に答え、全人類救済の道を選び、そのために全身心を献げることによって、より大きな次元でキリストの復活に与り、復活の歓びと自由を得ることができるのです。「フィリピ書」二章七―八節には、修道生活の清貧・貞潔・従順の生活の意義と栄光が見事に表わされています。

「かえって自分を無にして、僕の身分になり、人間と同じ者になられました。人間の姿で現れ、へりくだって、死に至るまで、それも十字架の死に至るまで従順でした。」

イエスは「十字架の死に至るまで従順な者になられた」のです。

「このために、神はキリストを高く上げ、あらゆる名にまさる名をお与えになりました。こうして、天上のもの、地上のもの、地下のものがすべて、イエスの御名にひざまずき、すべての舌が「イエス・キリストは主である」と公に宣べて、父である神をたたえるのです。」

それと同じように、修道者たちはイエスに倣って、従順・貞潔・清貧の誓願を立て、すべてのものを捧げ尽くすならば、神は彼らをこの上もなく高く上げられ、歓びと平安と自由の恵みで満たしてくださるのです。こうなれば、修道生活はこの世の最も幸いなものとなるのです。多くの修道者たちが今それを味わっています。

道元は主として出家した修行僧に道を説いていますが、イエスはある特定な人々を修道生活に招く一方、一般の人たちにも「神の国」の幸いを味わう道を示されました。一般の人たち、例えば、農夫や漁夫や遊女などに福音を宣べ伝え、「神の国」の至福への道を教えました。それは「幼児になる道」「互いに愛し合う道」「謙遜の道」です。

イエスは「神の国」に入るために何よりも「幼児」になることをすべての人に求めました。そして、また、イエスは『新約』の新しい掟として「互いに愛し合いなさい」と命じられました。しかも、その愛は人間愛ではありません。「わたしがあなたがたを愛したように、あなたがたも互いに愛し合いなさい」(「ヨハネ」一三章三四節)と説いています。私たちの互いの愛は、「イエス・キリストが私たちを愛したように」、神的な無限の愛で愛し合わなければならないのです。

またイエスは謙遜の大切さを教えられました。最後の晩餐のときイエスが行われた「洗足」は弟子たちにとって生涯忘れることのできない出来事でした。「洗足」が行われたのは、イエスが十字架の死を遂げる前の日の晩、別れの宴会の時でした。「洗足」は、当時の習慣で、最も卑しい仕事でしたので、普通の人たちは誰もやりませんでした。奴隷だけがやる仕事だったのです。この卑しい仕事をイエスは別れ際に弟子たちに行われたのです。おそらく、イエスは弟子たちの傲慢さをよく知っておられたので、「無言の遺言」としてこの「洗足」を弟子たちの眼の前で行ったのだと思います。「ヨハネ」一三章四―一〇節を引用します。

イエスは席を立って、上着を脱ぎ、布を取って腰に巻いた。それから、たらいに水をとり、弟子たちの足を洗いはじめられた。そして、腰の布でふきはじめられた。シモン・ペトロのところに来ると、ペトロは「主よ、わたくしの足を洗ってくださるのですか」と言った。イエスは答えて言われた。「わたしのしていることは、今あなたにはわからないが、後になればわかるであろう。」

ペトロは答えた。「決してわたくしの足を洗わないでください。」

イエスは言われた。「わたしがあなたを洗わなければ、あなたはわたしと何のかかわりもなくなる。」

するとシモン・ペトロは言った。「主よ、では、足だけでなく、手も頭もお願いします。」イエスは答えられた。「すでに体を洗った者は、全身きれいだから、足だけ洗えばよい。」

イエスが弟子の足を洗いはじめると、ペトロがどんなに驚いたかを、想像してみましょう。当時、ユダヤ人の社会では、師《ラビ》は非常に尊敬されていました。日本でも昔は弟子は師の影を踏まずと言われ、三歩下がって歩いたものです。ユダヤ教の師と弟子の関係はもっと厳しかったと思われます。それでも、弟子は師の足を洗う義務はなかったのです。「洗足」の仕事はそれほど卑しい奴隷だけがする仕事だったのです。ですから、ペトロは一度もイエスの足を洗ったことがなかったと思われます。

ところがどうでしょう。自分が「あなたはメシア、生ける神の子です」と告白した当の方が、いま現に自分の足を洗ってくださっているのです。ペトロは「決してわたしの足を洗わないでください」と言いますが、彼がどれほど驚いたかを示しています。

さて、イエスは、弟子たちの足を洗ってしまうと、上着を着て、再び席に着いて言われた。「わたしがあなたがたにしたことが分かるか。あなたがたは、わたしを「先生」とか「主」とか呼ぶ。そのように言うのは正しい。わたしはそうである。ところで、主であり、師であるわたしがあなたがたの足を洗ったのだから、あなたがたも互いに足を洗い合わねばならない。わたしがあなたがたにしたとおりに、あなたがたもするようにと、模範を示したのである。はっきり言っておく。僕は主人にまさらず、遣わされた者は遣わした者にまさりはしない。このことが分かり、そのとおりに実行するなら、幸いである。わたしは、あなたがた皆について、こう言っているのではない。わたしは、どのような人々を選び出したか分かっている。しかし、「わたしのパンを食べている者が、わたしに逆らった」という聖書の言葉は実現しなければならない。」

（「ヨハネ」一三章一二―一八節）

イエスはまず、謙遜な行動を通して、「身の語り」を説き、次にそれを言葉で教えました。使徒たちはイエスの洗足される姿を、一生涯決して忘れなかったことと思います。そして、使徒たちは彼らの弟子にこの洗足の模範を伝え、さらに彼らの弟子たちが同じことを伝えたのです。この口伝が「ヨハネ福音書」に書き残されたのです。私たちは「ヨハネ」一三章を読むとき、文章を読んで理解するだけではなく、想像力をフルに活用させて、洗足の出来事の現場に使徒たちと共に与って、全身でイエスの謙遜な姿に打たれ、肝に銘じて生涯忘れることのないようにする必要があるのではないでしょうか。

6 「無常を観ずること」は修行の出発点

ここで無常について考えてみたいと思います。ここにもキリスト教に似ている点があります。道元の時代背景を考えてみますと、まさに無常を痛感する時代だったと思います。平家が滅び源氏が興り、栄枯盛衰の非常に激しかった時代でした。道元の母は、太政大臣九条基房の女《むすめ》として生まれ、この荒波の中に生きていた方でした。木曽義仲が京都に攻めて来て、一時都を占領した時、太政大臣である父親は義仲に自分の娘、すなわち道元の母を差し出したと言われています。木曽義仲は間もなく天下を失い、悲惨な死を遂げてしまいます。つぎに、内大臣の久我通親の妻になりましたが、その夫も数年で亡くなりました。このような薄幸な運命の母は、道元が八歳の時に四一歳で亡くなります。まさしく無常観を禁じえない人生でした。最高の公家の家柄でしたが、その栄華も続くことはありえませんでした。道元はこの母を通じてはっきりと無常を悟りました。

道元は後に『学道用心集』を書きます。『学道用心集』とは、道を学ぶためにどのような用心をしなければならないかを書きつけたものです。その中には、最初に世間の無常を観じることが修行の出発点であることが強く打ち出されています。これが道元の発菩提心です。通常、発菩提心とは一切衆生に悟りを得させようという誓願だと理解されています。道元禅師はこの言葉を、世間の無常を観ずるという意味に使っています。つまり修行を始めようとするきっかけは、無常を観ずることだというのです。これが自分の修行の根底にあると言うのです。いつでもこの無常を腹に据えて、それを真摯な心で観るのです。普通は無常感の「感」は、感覚の「感」の字を用いますが、道元は観るという意味の「観」を使いました。洞察する、深く考えるという意味の観です。その意味で無常を観ると、利己心が滅してきます。吾我の心（我が我がという自己主張の心）が滅し、名利の念も寂滅していきます。つまり名誉を求めても先が知れている、自分の利益を求め財産を貪っても何にもならない、ということがわかります。そうすると厭世思想になるかと言うとそうではありません。ここが大切なところです。

無常を観ずると、求道へと向かって頭燃《ずねん》を払って行ずるようになります。頭燃とは頭に火がついているのを払いながらということです。つまり、ぼんやりと修行をするのではなく、頭に火がついているかのように、緊急の事態に対処するように修行をしなさいということです。道を求めるには、そうあらねばならないのです。

これはキリストのメッセージの中にも同じ精神がよく出てきます。イエスのメッセージは非常にやさしく聞こえるかも知れません。福音といわれるくらいですから、喜びと幸せがメッセージの中心です。しかし、それは「神の国」が今ここにやってきているので、その「神の国」に向かって自分の心を転換しなさいというメッセージなのです。このメッセージには、危機の意味が含まれています。今、私たちは岐れ路に立たされています。もし、私たちがこのメッセージを聞かなければ、滅びるのです。もし、幼児になってこのメッセージを聞いて「神の国」に入るなら、これが救いへの唯一の道になる、とイエスは私たちに説いているのです。この福音のメッセージは、滅びと救いへの岐路に私たちを立たせています。私たちは自由に行為しながらも、そのどちらかを選ばなければならないのです。

さらに世の無常は、『聖書』の指針の根本にも流れています。『旧約』から『新約』に伝わっている根本思想の一つに「コレヘトの言葉」があります。「コレヘトの言葉」一章一節は、つぎの有名な言葉で始まります。

「なんという空しさ、なんという空しさ、全ては空しい」。さらにこの本は次の言葉で終わっています。「なんと空しいことか、すべては空しい」(一二章八節)。ですから、この本全体は人間の営みがどれほど空しいかを見事に描いています。「空しい」(ヘベル)の原語は「息」「蒸気」ですが、それが転じて「過ぎ去ること、はかない」「無価値、空虚、不条理」を意味するようになりました。仏教の無常と非常に似ているのではないでしょうか。

また「詩篇」の中に「私たちは塵にすぎない。人の生涯は草のようなもの、野の花のように咲くが、風がその上に吹けば消え失せる」(一〇三・一五—一六)とあります。特に人間のいのちは七〇年、八〇年で滅びてしまうのです。滅びないものは何でしょうか。それは神のいのち、神の言葉です。『旧約聖書』にはこのような指針がたくさんあります。

道元禅師は「問い」（問著）の偉大さを説いています。「問い」は、坐禅の修行に欠かせない非常に重要なことなのです。ただぼんやり坐っていたのではだめだと道元は言います。普通の人は道元禅は祇管打坐（ひたすら坐る）なのだから、坐禅中何も考えなくてよいと思っています。そうではないのです。『無門関』の中の公案にこういうのがあります。香厳禅師という方が、弟子たちに問うのです。ある人が口に枝をくわえて木にぶら下がっていました。そこで木の下にいた人が「祖師西来の意は何か」とぶら下がっている人に問いました。

「祖師西来の意」とは達磨がインドからシナに何のために来たのかということです。その時、どう答えるのでしょうか。何かを言おうと口を開けば、木から落ちて命を失います。答えなければ禅の精神、仏教の精神が失われてしまいます。さあ、どう答えるかという問いがなされたわけです。これは臨済禅でよく使われている公案ですが、道元禅師はこの公案を引用して、身を捨てる精神がなければ本当の道に達することは出来ないことを強調しています。

『聖書』も「問い」を非常に重要視しています。いや、もっと正確に言えば、『聖書』は「問いの書」とも言えます。まず、第一に、「神は誰ですか」という「問い」こそ、『旧約聖書』が読者に「問い」続けている「問い」なのです。『聖書』の神は神秘のヴェールに包まれた「隠れた神」です。しかし、神は慈しみの余り、そのヴェールを少し上げ、その「見えない顔」を示されたのです。

神はイスラエルの民の苦悩を「見・聞き・知って」(「出エジプト記」三章七―一二節)、その民を「エジプト人の手から救いだし、……彼らを導き上るために、下ってきた」(同)のです。神はイスラエル人を救い出すという働きによって、御自分が「誰」であるかを示したのです。『旧約聖書』に書かれているイスラエルの歴史を読むと、イスラエルの民が神に背いても、神は愛の限りを尽くされて、彼らを約束の地に導かれたことを私たちは知ることができます。神はこれほどまでに慈しみ深い方です。イスラエルの民ばかりでなく、私たちをも同じように愛されているのです。そのことを知った私たちは、神の慈しみに対して「どう答えるべきか」の「問い」の前に立たされるのです。これが『聖書』の第二の「問い」です。

『新約聖書』も「問いの書」であることに変わりありません。その「問い」もより先鋭なものと言えるでしょう。そのことを最もよく示しているのは、「マタイ」一六章一三―一九節です。

イエスは、フィリポ・カイサリア地方に行ったとき、弟子たちに、「人々は、人の子のことを何者だと言っているか」とお尋ねになった。弟子たちは言った。「『洗礼者ヨハネだ』という人も、『エリアだ』と言う人もいます。ほかに、『エレミヤだ』とか、『預言者の一人だ』と言う人もいます。」イエスが言われた。「それでは、あなたがたはわたしを何者だと言うのか。」シモン・ペトロが「あなたはメシア、生ける神の子です」と答えた。すると、イエスはお答えになった。「シモン・バルヨナ、あなたは幸いだ。あなたにこのことを現したのは、人間ではなく、わたしの天の父なのだ。わたしも言っておく。あなたはペトロ。わたしはこの岩の上にわたしの教会を建てる。陰府の力もこれに対抗できない。わたしはあなたに天の国の鍵を授ける。あなたが地上でつなぐことは、天上でもつながれる。あなたが地上で解くことは、天上でも解かれる。」それから、イエスは、御自分がメシアであることをだれにも話さないように、と弟子たちに命じられた。

この文で注目すべき点は、イエスについての人々の評判からはじめて、次に一転して弟子たち自身に向けられた「問い」です。「それでは、あなたがたは、わたしを何者だと言うのか」という「問い」は、弟子たちが直面させられた重大な「問い」だったのです。その「問い」に答えます。「あなたはメシア（神の子）です。」この答えをよく考えてみると、それは驚嘆すべき答えであることがわかります。弟子たちはイエスと生活を共にし、宣教の旅を続けてきました。そこから、彼らは人間イエスを知ることができたのでしょう。その柔和さ、慈しみ深さ、病人を癒し、罪人や遊女たちにも近づき、彼らも救いを得ることができると説くイエスの姿に弟子たちは感動していたに相違ありません。しかし、それだけなら、イエスを偉大な人間として見ていたにすぎません。ペトロは慈しみ深いイエスの姿にメシア（救い主）を観たのです。人間イエスが「生ける神の子」であることを直観したのです。

ペトロはイエスの慈しみ深い活動の中に「神の無限の慈しみ」を観たのです。「愛はその人の言葉よりも行動に現われる」(聖イグナチオ・デ・ロヨラ)と言われています。ペトロは長い間、イエスの愛に満ちた活動のうちに、人間の力を遥かに越えた「無限の愛」を観たのです。だから、イエスは言われました。「シモン・バルヨナ、あなたは幸いだ。あなたにこれらのことを現したのは、人間ではなく、わたしの天の父なのだ。」イエスの場合もそうです。全てを捨てて従わない人は、私の弟子になることはできないと言っています。この点で仏教も「キリストの道」もどちらも同じ精神であると言ってよいのではないでしょうか。

7 パウロの回心と道元の身心脱落

ここでパウロのことについて述べることにしたいと思います。パウロの回心を道元の身心脱落と比べてみたいと思います。まず、パウロの回心の場面を見てみましょう。この回心は、パウロの生涯の非常に大きな出来事でした。道元禅師が身心脱落によって悟ったように、パウロはこの回心という宗教体験によって「キリストの道」を深く理解するようになりました。もともとパウロは、熱心なユダヤ教徒でした。そして『旧約聖書』に非常に深い知識を持っていました。そのため、当時、興った新宗教キリスト教の信者に対する激しい憎悪の念に燃え、キリスト教の信者を殺害しようと決心しました。そして大祭司からダマスコの諸会堂あての添書をもらい、キリスト信者を見つけしだい縛りあげ、エルザレムに引いて行こうとしてダマスコ市に向かいました。

ダマスコの近くに至った時、突然、天から光来たりて、彼を巡り照らし、彼、地に倒れ、「サウロ、サウロ。何ぞ我を迫害するや」という声を聞き、彼は「主よ、汝は誰ぞ」と言うと、答えて云く「我は汝の迫害するイエスなり。起きて市中に入れ、汝のなすべきこと告げられん」と。この時、伴える人々は、声をば聞きながら誰をも見なかったから、呆然として佇んでいた。サウロは地より起きて目を開いたが、何も見えなかった。そこで、人々は彼の手を引いてダマスコに導いていったが、三日の間、目が見えず飲食しなかった。

（「使徒言行録」九章三―九節）

このパウロの体験は、外面的には道元の身心脱落とあまり似ていません。しかし、注意してよく読んでみると、似ているところが多々あります。その一つは、師イエスの大喝、叱責によって実存全体が完全に転換してしまったことです。今まで熱心なユダヤ教徒であったパウロが、キリストの弟子になり、「主よ、あなたは私が何をすることを欲しておられるのですか」と言ったのです。この言葉は、パウロがイエスの顕現に出会い、キリスト信者を殺そうと意気込んでいた状態から全く回心して、一瞬にしてキリストの望んでおられることを実行しようとするまでになったことを示しています。そういう転換が一瞬の間に行われたのです。悟った内容は道元の場合と大変違います。パウロに現われたイエスは「サウロ、サウロ、何ぞ我を迫害するや」と言います。パウロが実際に迫害してきたのはキリスト信者でした。ところがイエスにとって、それは自分を迫害することなのだと言うのです。イエスは全ての信ずる者と一体なのですから、信ずる者は自分の兄弟なのです。この兄弟を迫害する人は、イエスを迫害することになるのです。これは何を意味しているのでしょうか。「マタイ」二五章四五節にこういう言葉が書き残されています。

わたしの兄弟であるこの最も小さい者の一人にしたのは、わたしにしてくれたことなのである。

この言葉は最後の審判の一節です。ということは、弟子たちばかりでなく、私たちにも言われるのではないでしょうか。

この言葉を現代においても言葉通りにまじめに受け取って実行している人がいます。インドのマザー・テレサです。マザー・テレサは、国連で話された講演の中でこう言われました。

私は毎日二度聖体拝領をしています。一度はミサにおいて、もう一度は病人に出会い、世話をすることによってです。病人に出会うことはキリストに出会うことです。病人を受け入れることは、キリストを拝領することです。

これはすばらしい言葉ではないでしょうか。パウロも同じような体験をしたのではないでしょうか。キリスト教信者を迫害しているその事実は、イエスから見るとイエスを迫害していることなのです。後でパウロがその事実を深く考えた時、キリストは全人類を救うために全ての人と一体化していることが悟れるようになります。別の言葉で言えば、全ての人を救おうとして、イエスはその人の中で活いているのです。罪人であればあるほど、その人のところに来られ、その人と一体となるのです。「私は義人を救うために来たのではない。罪人を救うために来たのである」(「マルコ」二章一七節)とイエスは言われました。医者は健康な人のためにいるのではなく病人のためにいるのです。イエスは罪人のためにいらっしゃるのです。これはすばらしいことではないでしょうか。そしてキリストは本当に貧しい人々のところに、あるいは困っている人のところに行くのです。そして共に旅をしながら力づけ、勇気づけ、生命を与えるのです。そしてそこからすばらしい新しい生活をさせてくださいます。それがパウロの体験でした。その体験を後で深く考えて、いろいろな言葉に表わしているのです。

私たちは日本人として、道元というすばらしい祖師に導かれて、「キリストの道」の理解を深めていくことが、これから「キリストの道」を歩むものにとって大切なことであることがわかったと思います。

第Ⅴ章
老子の思想は、キリストの道を活性化する

一　老子の思想

1　はじめに

私は老子の思想を学ぶことによって、現代の私たち日本人が「道」の思想をどのように発見できるかを知りました。「道」を知るには、ただ理性を働かせるだけではなく、全身で「道」を求め、私たちの感性や直観力を養う必要があります。「道」を発見する方法を老子から学ぶことができれば、キリストの教えた父なる神（隠れている神）を発見し易くなるのではないかと思います。なぜなら、キリストの教えてくださった神は、隠れたお方ですが、私たちと共に歩んでくださる「道なる神」だからです。老子の教えに導かれて「道」を発見できれば、現代の私たち日本人もキリストの教えてくださった「道なる神」を発見し易くなるのではないかと思われます。今までのキリストの教えは、東洋人の私たちにとって馴染みにくいところがたくさんあります。なぜなら、言葉や語ることを大切にする西洋思想が中心となっていたからです。そこには「隠れた神」はあまり強調されていません。しかし、『聖書』をよく読むと、神は「隠れた神」であることがわかります。そのことがわかってくると、『聖書』がだんだん味わい深いものになってくることでしょう。

今までのキリストの教えは、父的な教えでした。私たちは「アバー、父よ」と祈りますが、実はこれは母的な「アバー、父よ」でもあるのです。これから述べる老子の思想は非常に母的であり、私たち日本人に共鳴できるところがたくさんあります。私自身、老子を読み、深いところで共鳴しました。そのあたりを、ぜひ皆さんにも知っていただきたいと思います。老子の思想を導き手として、キリストの教えてくださった神は「慈しみ深い神」「母的な神」であることを皆さんに知っていただきたいと思います。それによって、キリストは私たちにもっともっと身近なものとなってくるでしょう。

2 老子の生きた時代背景

まず、老子の生きた歴史的状況から見ましょう。老子がいつ生まれ、いつ死んだのかは年代的にはっきりしていません。老子は実在しなかったのではないかという人もいますが、実在の人物だったことは間違いないようです。『老子』という本もいつ成立したのかわかっていません。いま残っている老子の『道徳経』は全文で五千字くらいのものですが、漢の時代に最終的にまとめられたものではないかと言われています。紀元前二〇二年に漢王朝ができ、一三六年に漢の武帝が即位しています。その間に桓帝の皇后である竇《とう》太后は、黄老思想（法家と道家の融合思想）を非常に大切にしたので、老荘思想が盛んになりました。この時代は、黄帝についで老子を神秘的なものとして礼拝するようになりました。『老子』という本はそのころ成立していたことには間違いありません。しかし、その前はどういう形だったのかは今のところわかっていません。文学的な見地から言えば、文章に韻を踏んでいるところと踏んでいないところが混ざり合っていて、韻を踏んでいるところは古いものではないかと推測する人たちもいます。

老子は大体紀元前五五一年頃生まれました。これより前、一五〇〇年頃には甲骨文字があり、呪術によって神の命を知るような、呪術的な文化がありました。その後、千年くらいして初めて孔子がすばらしい文明を確立したことになります。ヨーロッパでもそうですが、ことに東洋では思想と人物を切り離すことはできません。『聖書』ももちろんそうです。老子が生まれたのは孔子後ではないかと言われています。ある人によると、前五一〇年ごろ『老子』という書物が書かれたとされています。前四七九年に孔子が死に、間もなくして四五〇年頃に『論語』が成立します。吉川幸次郎先生は、『論語』は孔子とその弟子の言行録ですが文学としてもすばらしいものだと述べています。

前三七〇年頃荘子が生まれ、同じ頃孟子も生まれています。荘子は老子の思想を継承した人です。荘子の思想もまたすばらしいものです。私の『道の形而上学』に書きましたが、芭蕉は荘子の思想に感激して、俳句を作っているほどです。このように荘子は、江戸時代にも大きな影響を与えています。前二九〇年に荘子が亡くなり、翌年の二八九年に孟子が亡くなっています。そのころ『荘子』という本が成立しています。これは余談ですが、荘子個人の名を言うときは「そうし」と読み、書物をいうときは「そうじ」と読ませています。二四八年頃、老荘思想を承けた書物『呂氏春秋』が書かれています。一方では、孔子の教えが儒教として孟子に受け継がれ、それが漢の武帝によって官学になります。その結果、儒教は漢王朝の精神的なバックボーンになります。そして、五経博士がおかれます。これに対して老子の思想は、孔子の思想あるいは論語の思想、儒教の思想と全く対極にある思想です。それは儒教よりもっと深く形而上学的であると言えます。儒教は、人間や社会の倫理を明らかにし、倫理学的なものです。儒教は当時の政治に大きな影響を与え、また、中国人の生活の根本を規制し支配してきた思想であることも確かです。しかし、老荘思想の魅力には儒教を超える根強いものがありますから、その後ずっと中国思想の底流に流れ続けていることも事実です。日本でも同じことが言えます。日本では現在でも儒教よりも老荘思想のほうが強く影響しています。

3　老子の思想――形而上学的な根源＝「道の思想」

ここでまず、孔子の思想を述べることにより、老子の思想が一段と味わい深いものとなります。孔子はヒューマンな人で、詩を愛し、人間形成には詩が一番大切だとしています。また、『書経』を重んじました。『書経』とは、周王の書いた書物のことです。当時、『書経』を材料にして、自らを反省し、身を正し、生き方を決めました。さらに孔子は、音楽によって人格の完成を為し遂げようとする非常にヒューマニスティックな楽天的な思想を述べた人です。孔子は天(神)については語らないと言いながらも、天を前提に置き、人間の天命に従った生活を教えの中心に据えています。

それに対して、倫理を云々しているようでは本当の人間にはなれないし、本当の聖人にはなれないことを強調したのが、老子です。実に魅力的な思想です。特に私のように思想を勉強しているものには、老子の「道の思想」は、ヨーロッパの思想と比較しても恥ずかしくない形而上学的な領域に達したものだと思います。ヨーロッパで神、あるいは、最高善、存在などと呼ばれる究極的なもの、無限なものが、老子の言う「道」に当たります。老子は天地の根源である、「道」という、名づけることのできないものにまで達しました。その「道」は、天地万物の根源です。天地とか万物は、まだ有限で現象的に現われた「形あるもの」ですから、「形而下のもの」です。しかし、「道」は無限で形がありません。だから名前がありません。名前をつけると「道」でなくなってしまいます。つまり、生滅を超えたものです。難しい言葉でいえば「形而上的なもの」です。形而上とは、形より上のもののことで、『易経』に出てくる言葉です。「道」は形而上的なもので、天地はその器であり、その器は形而下のものであると、『易経』は説きます。

「道」は奥深いもので、「玄の玄」と名づけられています。「玄」とは、くらいとか幽遠なという意味です。「道」は「玄の玄」、つまり幽遠極まりない、名状すべからざるものです。そして、ただの思想ではなく、それによって生きることこそ重要です。「道」は、人間の行い、生き方に大いに関わってくることです。「道」は無限なものから、まず何か思想を学んで、その後、実践するものではありません。それは人間が直接歩むもの、生きていくものです。生き方の根拠になるものと一体になっているため、生き方とは切り離して「道」を学ぶことはできません。「道」の特徴は、無限であり、同時に、万物の母であることです。天地の根源は「道」ですから、天地万物の母は、「道」だと言えます。「道」は母的なものです。玄牝《げんぴ》(玄なる雌牛)とも言われ、母的で女性的なものです。牝とは、雌牛のことです。牛はどっしりとした、強い生産力をもつことから、中国人に重んじられています。老子の思想は「玄なる牝」のシンボルによって、万物の根源である女性原理を大切にする思想です。ここが非常に魅力的なところです。後に述べますように、キリストの教える神も、非常に女性的な面があります。そのことに、今一度私たちは目覚めなければならないと思います。特に私たち東洋人はそれを必要としています。

「道」は同時に水にたとえられます。どうして「万物の母」が、水にたとえられるのでしょうか。水は非常に柔らかで、どんな容器にも入ります。水には、柔軟性があり、静かで同時に、岩をも貫く強さを持っています。老子は「柔は剛に勝つ」と言います。ここに老子の根本思想の一つがあります。水のように柔軟で、どんな容器にも入り、巌をも貫く強さをもっているように、真に偉大な人物は柔和でどんな人をも受け容れながら、忍耐強く持続して困難を乗り越えて行き、どんな剛直な人をも感服させることができるのです。これは人が生活するに当たって忘れてはならないことです。宮本武蔵は剣術家として苦労し、天下無双の人となりました。当時の多くの剣客にも勝ち抜きました。ところが、晩年、それではいけないと思い直した人です。晩年は、全く形がなくなり、柔らかく、力が抜けたところに到りました。つまり、敵と和合する境地にまで達したのです。武蔵もどこかで老子の思想を愛していたと思われます。こういったことが水の第一の特徴です。さらに水は、衆人の憎む下位に向かう、非常に謙虚な姿そのものです。水は下へ下へと流れていくものですが、人間は上へ上へと上ることを望みます。人間の本当のあり方、「道」のあり方は、低い方へ低い方へと流れて、万物を支え生かしている水に学ぶことです。「道」は人を低きへ導き、底辺から社会や宇宙を支えて生かすような人になるように導いているのです。

これは、キリストそのものの姿です。キリストは神でありながら人間になられ、最も低いものになられました。だから、謙虚さを非常に大切にします。『聖書』のいろいろなところでも謙遜を説いています。まさに老子の思想と合致します。相手の器に柔軟に自分を合わせる生き方です。老子の思想を学び、『新約聖書』を読むと、キリストの姿が私たちの瞼に浮かんできます。どんな人にも、呼応していく生命の水、それは汲み尽くしえないものです。それが人間イエスの姿なのです。イエスの脳裏にあったのは、いつも愛深い父の姿でした。愛の父そのものに幼児のように身を委ねる生き方を人々に教えられたのが、イエスです。イエスは「生ける水」という象徴で「神の活き」を語っています。特に「ヨハネ」七章では、そのことが中心的課題になっています。

水の比喩によって、「道の活き」のすばらしさを悟ることが大切です。「道」を悟るには、いくら頭をはたらかせ考えぬいてもだめです。理性では「道」を直観できません。水のように謙虚に「道」の導きに従って生き、初めて「道」がわかってきます。イエス・キリストについても同じことが言えます。理性でいくら考えても、キリストのことはわかりません。私たちがキリストのように生きることによって、初めてキリストがわかるのです。どちらも同じ方法で学ぶしかないのです。

聖人という言葉は、孔子、老子、そして『荘子』の中に出てきます。いずれも「道」を体現した人を聖人といいます。「道」を実践し、体得しているので、「道」を直観できます。老子の中に、「母に食《やしな》はるるを貴ぶ」(二〇章)という言葉が出てきます。老子によれば、「道」は万物の母です。ですから、母なる「道」に養われることを大切にします。また、老子は無欲を強調します。無欲というと、禁欲的なことを考えるかもしれませんが、老子の無欲は何も望まないことではありません。足ることを知ることです。老子は「足ることを知る者は富む」と言っています。決して欲望全体を否定してはいません。ある老子研究家は、老子の思想を説明し、キリストの教えによる無欲とは違うと書いていますが、それは間違いです。その学者によれば、キリストの教えは霊肉二元論で、欲は体の方にあって、精神の方を発達させるために肉体の欲望を殺さなければならないと言っています。これはキリストの教えとは全く異なります。多くの学者は、キリストの教えをあまり知りません。大学者と言われる人が、キリストの教えについて書いているものを読むと、半分以上は間違っていると考えてもいいほどです。拙著『身の形而上学』で詳しく論じましたが、キリストの教えは霊肉二元論ではありません。キリストの教えは、人間の正しい欲求を認めています。

老子は、「道」は水のように柔軟であることを非常に重要視します。だから、聖人も、「道」のように、柔軟で、無抵抗の流動性をもち、謙譲で、固定した形がなく、無であり「無為」です。なかでも、老子は「無為」を強調しています。「無為」は何もしないことと捉えがちですが、そうではありません。それは人格的な高い境地を指しています。つまり、「無為」を量的なものと捉えずに、質的な精神の高さを意味するものだと考えます。精神と肉体を分けることなく、「身心一如」となった人間が高く上っているとき、自ずから生じる境地を「無為」と言っています。それを一番よく体現した人は親鸞かも知れません。親鸞の中に「自然法爾《じねんほうに》」という思想があります。「仏のいのち」のままに、何の作為もせずにはたらくことを自然法爾といいます。「無為」もそういうことだと思います。ここでは「道の活き」が、自ずから身心にあふれ、それが為すままになることを「無為」といいます。そこから「無為をなせば、治まらざることなし」という言葉が生まれます。「無為」であれば、すべてうまく治まります。「無為」になれば、必ず勝ちます。逆説的ですが、「無為」による勝利が剣法の極意であり、また政治の極意でもあるのです。

『老子』の水について書いた文章がありますが、そこにこう書いてあります。

上善《じょうぜん》は水のごとし、水よく万物を利して争はず。衆人の悪《にく》む所にをる。故に道に近し。居には地をよしとし、心は淵《えん》なるをよしとし、与ふるには仁なるをよしとし、言は信なるをよしとし、政は治まるをよしとし、事には能《のう》なるをよしとし、動くには時なるをよしとす。それただ争はず、故に尤《とが》なし。（八章）

「上善」つまり、最高善とは水のようです。水は「道の活き」のことです。水には柔軟性があり、万物を助けて争わないようにしていくのです。「衆人のにくむ所にをる」とは、水は低いほうへ流れて行くように、道に導かれている人は、低い地位や低いところを好んで、そこに居る、という意味です。「道」そのものがそういう「活き」をしていますので、聖人たちもそれに従って謙虚に低い場所にいることを好みます。「居には地をよしとし」とは、立居振る舞いは大地のように落ち着いていることです。「道の活き」も大地のようにどっしりとしています。聖人も「道の活き」に従って生きるなら、大地のように落ち着いた立居振る舞いをするのです。さらに、心は深い淵のように静かで奥深いものです。仁は、人と人との愛の関係を作ることです。引用文のその後の文章も、全部「道」の比喩として挙げてあり、「道」に従って動く聖人は、時を見て「活く」と言っています。競い争うようなことをしませんから、間違わないのです。

5　幼児になる

我独り怕《はく》としてそれ未だ兆《ちょう》さず。……我独り昏《くら》きが如し。……我は愚人の心なるかな、沌沌《とんとん》たり。……忽《こつ》として海のごとく、漂《ひょう》としてとどまる所なきが如し。……母に養はるるを貴ぶ〔自然の懐に抱かれて、道に養われること〕。

（二〇章）

怕とは、言葉の意味からは、何もせずにボウッとしていることです。本当の意味は、「無為」の状態を表しています。「未だ兆さず」とは、感情が動く気配もないことです。「我独り昏きが如し」とは、あまり知的でなく愚かにさえ見える、幼子のような、ということです。これはキリストの言葉にある「幼子にならなければ神の国に入ることができない」ことと相通ずるものを持っている言葉です。まさに、愚人のように茫洋とし、混沌としていることです。「道の活《はたら》き」は大海のようであり、風のようなものです。この母のような自然の懐に抱かれて、「道」に養われることを貴ぶのです。

老子の思想の中では、愚かであることが良いとされています。私はこの文を書いていて疲れたので、庭に出てぼんやりして、明るい太陽の下、空を見上げました。そして枯葉の落ちているところを散策して、老子の思いを少し体験的に感じ取ろうとしてみました。するとどうでしょう。大自然の懐に抱かれ、養われている感じがからだの中心から湧いてきました。ある学者は、老子の思想は農民の思想で、小さな桃源郷のような田舎の山奥で耕作をしている農民の生活、そこで自足している人を理想として書かれたと言われます。こんな桃源郷をイメージすれば、老子の思想はわかりやすくなるかも知れません。

それに関連して、「営魂《えいこん》にのり一を抱いて、よく離るることなく、気を専らにし柔を致して、よく嬰児たらん」(一〇章)という文があります。「営魂」とは生きて動く身のことです。また「一」とは「道」のことです。ここでは幼子について非常によく描かれています。私たちは、幼子とは何かをわかっているようで、実はわかっていないことが多いようです。大人になってからは、子供のときにどんなことを考えていたかは、忘れてしまっているのが普通でしょう。老子は子供を上記のように考えていたことがわかります。上の文章をわかり易く言い直せば、次のようになるでしょう。

「生き生きと活いている魂に動かされて、全身で専ら「道」と一つになり、その「活き」から離れることなく、気力を養い、身心全体を柔軟にすれば、幼児になれるのです。」

幼子のようになって、キリストの教えを受けたらどうなるのでしょうか。これは非常におもしろい問いです。イエスは「幼児にならなければ、神の国に入ることができません」と説いています。普通に「幼児のようにならなければ」と訳していますが、ギリシャ語原文ではあくまでも、「幼児にならなければ」です。では、私たちはどうすれば幼児になれるのでしょうか。今までキリスト教の神学者たちは、この言葉の意味をよく説明してくれませんでした。ところがどうでしょう。老子の説くままにすれば、「よく幼児になれる」のではないでしょうか。イエス・キリストこそ、道（万物の根源であり、私たちの内的原動力）ですから、全身心をこの「道なるキリストの活き」に動かされ、気力を養い、身心全体を柔軟にすれば、キリストの教えたような「幼児」になれるのではないでしょうか。もしそうなれば、『聖書』から新しい面が生まれてくるのではないかと私は思います。私自身、禅の修行をして、老子の言うような「幼児」になることが少しできるようになったら、『聖書』がおもしろいほどよくわかるようになりました。今までとは全く違い、新しく読むことができるようになったのです。そこから生まれたのが、拙著『公案と聖書の身読』（春秋社）です。この本は『禅と聖書』という題で、英・独・仏・伊など七つの外国語に訳され、世界でよく読まれています。キリスト者も、また、そうでない人も、この老子の教えを基《もと》にして、もう一度『聖書』を読み直せば、『聖書』が全く新しいものになってくることでしょう。

上の引用文中の「営魂」とは魂魄《こんぱく》のことです。「魂」とはたましいとか霊魂といわれるもので、「魄」は、「魂」の受け皿である身体のことです。この二つは分けることはできません。「魂」と「魄」という二元論ではないのです。だから、「営」とは、働くことを意味します。これらを総合しますと、「営魂」とは、「道の活《はたら》き」によって動いている身体のことです。ここで老子は「道の活き」をちゃんと見ています。その「活き」にのるのです。つまり、その「活き」の中に自分を入れ込んでしまうのです。そして、「一」、つまり、「道」を抱いて、よく離れることなく、気を専らにするのです。「気を専らにする」というのは、精気を専一にしてと訳すのがいいのではないかと思います。そして、身心全体に気を充満させます。気の思想は、老子の思想の中でも重要ですし、中国思想の根幹をなしているものです。私は上智大学(四谷)から本郷のカトリック・センターまでの道のりを自転車で通っています。雨の夜は滑らないように、満身に気を込めて走ります。そんなときほど、夕の坐禅でよく坐れます。ここに出てくる「一を抱いて」という言葉は、このようなことに相通ずるものを持っているようです。自転車を一所懸命にこぎながら、「道の活き」に専一して走りますと、気力が充実し、全身「道の活き」に満たされます。

道から「一」が出てきます。その「一」によって天地万物が造られる。これが中国思想の根幹をなしています。「一」から「二」(陰陽の二気)が生まれ、そこから万物である「三」が生まれます。そういう思想が老子にはあります。「道の活き」から出た「一」という気を抱いて、それを離さないようにしなさいということです。そうすると、その気は「道」から直接に発出する「天地の一気」を受け、「天地の一気」に集中して留まり、「柔を致す」、つまり最高度に柔軟にすることができるのです。

気の思想をキリストの教えに求めるなら、それに対応するものは「聖霊」です。「聖霊」は気を無限に高めたものです。そう考えますと、キリストの教えをもっと身近に感じることができます。なぜなら、この気の思想を聖書理解のためにも使うことができるからです。「聖霊」の息吹によって「柔を致す」、つまり身心を柔軟にすることができます。固くなっていては丹田呼吸がよくできません。初心者は坐禅を一所懸命やると身心が固くなってしまいます。お腹に力を入れてしまうからです。丹田を気力で充満させ、身体を柔らかく保つことが坐禅の難しいところです。それができるようになると、坐禅は本物です。パウロは「私たちの体は聖霊の神殿である」と言います。つまり、私たちの体は「聖霊」の息吹によって活性化されているのです。私の体験から言えば、私たちの身体を貫く「聖霊」の息吹(「天地の一気」に相当する)に集中すると、心身は柔らかくなります。さらに、「聖霊」の息吹によって「よく嬰児たらん」。つまり、幼児になることができるのです。それには「聖霊」から直接発してくる息吹を身心全体で受けることが必要です。そして、この「聖霊」の息吹を離さないようにして、その息吹を身体全部に充満させます。そうすると身心全体が柔軟になり、父なる神の子(幼児)になることができるのです。

水は何でも受け入れるように、幼児もそうします。幼児は、見たものを何でも学び取ろうとする精神の柔軟さを持っています。それは幼児が「道なる神」から直接に生まれてきたからです。また、それは「霊によって生まれる」という『聖書』の言葉に通じます。そこから考えても、この思想には非常におもしろいものがあります。そして、その気を専らにしながら、身心を柔らかくすると何でも受け入れられるようになります。それは「道」に近くなり、幼児になることができ、「神の国」に入れることになるのです。そうすると、「幼児にならなければ、神の国に入ることはできない」というイエスの言葉が、私たちに実現します。こういう思想を見ると、幼児が非常に身近なものになり得ます。

6 和光同塵

和光同塵とは有名な言葉ですが、もともと『老子』の中にはじめて出てくる言葉です。まず、『老子』から、次の引用文を読みましょう。

道は冲《ちゅう》にして、これに用うるにつねに盈《み》たず。淵《えん》として万物の宗《そう》に似たり。その鋭《えい》をくじき、その紛《ふん》を解き、その光を和らげ、その塵に同ず。湛《たん》としてつねに存するに似たり。吾、誰の子たるを知らず。帝の先に象《に》たり。（四章）

「冲」は虚（からっぽ）と同じ意味です。「道」は無限にからっぽの容器のようなものですから、その中には何でも入るのです。だから、「道」は使っても使っても欠けることがありません。そこで、「これに用うるにつねに盈たず」と言われているのです。そして、「道」は「淵として万物の宗に似たり」と言われます。その意味は、「道」は底知れない深い淵のように深々としている、万物の根源であると思われます。「道」は「その鋭をくじき」、つまり、すべての鋭さをくじいて鈍《にぶ》くします。最高の善、最高の叡知さえもくじいてしまうものです。「その紛を解き」、その光を和らげ」とは、すべてのもつれを解きほぐし、争いをなくし、すべての輝きをおさえ、和らげる、という意味です。「光を和らげる」には、二つの解釈があります。それは、万物の光を和らげることと、「道」そのものの光を和らげることです。私は後者の解釈を取ります。「道」は自分の輝きを和らげて、「塵」にすぎない人間やこの世のものと同じものになるのです。これが「和光同塵」という「道」の慈しみ深い「活き」です。「道」はお高くとどまっていないで、この世の汚れたものと同じようになり、それを清めて天上的なものにします。

ところで、『聖書』は人間の創造を次のように述べています。「土の塵で人を形造り、その鼻に命の息を吹き入れられた。人はこうして生きる者となった」(「創世記」二章七節)。また、「人間は塵である。だから塵に帰る」(「創世記」三章一九節)と説いています。全人類を救うために、神はご自分の独子が塵にすぎない人間になることを望まれました。おん子は「神と等しい者」であるにもかかわらず、かえって自分を無にして人間と同じ者になられました(「フィリピ」二章六―七節)。神は全人類救済のために、塵にすぎない人間になられたのです。これこそ、「和光同塵」の最高の行為と言えるのではないでしょうか。

「和光同塵」という言葉は、禅でよく使われます。禅修行で行き着くところは、悟りも何もかも全部を捨てて、普通の人になっていくことです。つまり、世俗の人々と同じように塵になることによって、人々をより高い境地へ導こうとすることです。

「湛」というのは、水を深く湛《たた》えた様子を言います。「湛としてつねに存するに似たり」とは、「道」は水を深く湛《たた》えた深い深い淵のように永遠に常に存在していると思われます。この世は存在していることは存在しているのですが、有限な世界として存在しているのです。それに比べると「道」は、万物の根源ですから、もっと深い意味で存在していると言わねばならないでしょう。

「誰の子たるを知らず」とは、「道」はどこからきてどこに行くかわからないほど、深淵な存在者ですから、私は誰から生まれた子であるかを知りません。「帝の先に象たり」の「帝」とは、天のことですから、「道」は万物を生み出した天よりもさらに先に存在したということです。

「和光同塵」という思想は、次の老子の文章を読むと、なおさら魅力的です。

孔徳の容、ただ道にこれ従ふ。ただ惚《こつ》、ただ恍《こう》、恍惚のうちに像《かたち》あり、……その精ははなはだ真にして、その中に信あり。万物生成の始めを総べをる。吾はどうして万物が道から生成してゐることを知るや。これ〔道の直観〕による。（二一章）

「孔徳の容」とは、ゆったりと大きな徳のある人の姿です。そこで、「孔徳の容、ただ道に従ふ」

という文全体の意味は、大きな徳をもった人物は、ただ道の「活き」に従って生きる人のことなのだということです。この言葉を深く考えながら、キリストの姿をあらためて見直すと、キリストの「活き」の偉大さが見えてきて、とてもおもしろいと思います。無限の深遠な神秘を湛《たた》えた方（キリスト）の姿をよく観れば、私たちに「道の無限の活き」をそれとなく教えてくれます。もちろん、キリストの隠れた「活き」ですから、言葉で言い表わすことができません。私たちはそれを自ら実行することによって、水のような母的なキリストの「活き」に同化され、だんだんその姿に似たものになり、初めて「道」なるキリストの姿がわかってくるのです。

「道」の様子は「ただ惚、ただ恍」とあります。それは、何かはっきりしない、恍惚として見定めがたい姿のことです。しかし、「恍惚のうちに像あり」。つまり、「道」は恍惚として見定め難いものであるにもかかわらず、形のない「道」が形（像）として現われてくるのです。つまり、「道」はもともと形がないものですが、それがいろいろな形で現われてきます。それはどんな形で現われてくるのでしょうか。見えないものが形になってくるとは、水のような柔軟さで、「和光同塵」という形で現われてくるのです。奥深い薄暗がりの中に、「精」、すなわち微妙な「活き」があります。「その精ははなはだ真にして」つまり、それによって「道の活き」が真実であることが確かになります。そうすると、私たちが「道」の微妙な活きを体験的に知るようになり、「その中に信あり」、つまり、そこに信頼すべき確固たるものが生じてくるのです。

では、私たちはどのようにして、万物が「道」から生成していることを知るのでしょうか。この問いに対しては、「これによる」と書いてあります。「これ」とは、「道の直観」です。「道の活き」に従って、どんな困難な状況をも乗り越えて、人生に立ち向かって、その「活き」のままに生きている人のみが、初めて「道」を直観できるのです。

以上が老子の思想の概要です。その他たくさんのことを老子は言っています。有名な言葉を二、三紹介しておきましょう。老子は逆説的な表現をする人で、その逆説が実におもしろいのです。

「天下皆美の美たるを知る。これ悪なり」(二章)とあります。この世の人なら誰でも本当の美しさを知っていると思っていますが、この世の人のいう「美の中の美(最高美)」は「これ悪のみ」、そんな美は本当の美ではなく、醜悪だと言うのです。美は同時に「醜」であることを知らないのだと言います。美は本当は醜いものなのです。例えば、美の直観はギリシャ思想の中心的な思想です。「この世に現われている美しいものはすべて、美そのものの影(現われ)に過ぎない」とプラトンは言います。これを老子の思想で言い直せば、この世の人々が美だと考えているものは、本当の美ではなく影に過ぎないのです。心眼をもたずに、この世の人々が美しいといっているものは、本当は醜いものなのです。彼らが醜いといっているものこそ、本当の美なのです、と老子は言っているのです。

私たちは、現代社会の情報化の流行の波にのって、アイドル歌手や有名人がテレビや週刊誌、その他いろいろなものを通じて、「これが美しいとか、あれがいい」と言うと、皆そっちの方へパーッと流されます。そんなものは二、三年のうちに、誰も見向きもしなくなるのです。ファッションとはそういうものであり、歌手や有名人にはそれなりの宣伝費が支払われていることも知っています。私は皮肉な目でパリのファッションショーの番組をテレビで見ますが、それは現代人がいかに美を知らないかの表われだと思います。

「天下皆美の美たるを知る、これ悪のみ」とは、現代にも通用するいい言葉です。

「大道廃れて仁義有り」（一八章）とありますが、仁義は儒教が説く仁と義のことです。この仁義が当時盛んに説かれていましたが、老子はそれを見て、裏をかえせば大道がすたれているからだと言います。なかなかおもしろい発言ではないでしょうか。孔子は「道の活き」についてはあまり言わず、「道」の現われである仁義だけを教え、さらに用途、つまり方法を教えているにすぎません。そのため、その根本、大いなる「道の活き」がすたれてしまっています。だから仁義が盛んになるのだというのです。ある面でこういう見方が、私たちには必要です。根本に帰ることによって、はじめて自分自身を根本的に変えることができるでしょう。

もう一つあげれば、「功成り名遂げて身を退くは、天の道なり」（九章）とあります。上り詰めれば、後は下り坂の運命が待っているのです。成功してもそこに固執したり、その場を占め続けるのはみっともないことで、そんなことをすれば、災難を招く元になるのです。なぜなら、天の道は退くことにあるからです。そういう人生教訓のようなものが、老子の思想にはたくさんちりばめられています。ぜひ、老子を直接読むことをおすすめします。古い漢字が使われているため初めは取りつきにくいかもしれませんが、わかるようになるとその漢字に深い意味を感じるようになってきます。

二　老子を通して、キリストの道を活性化する

1　測り知れない隠れた神

老子の思想によって、キリストの道をより深く理解することを試みてみたいと思います。老子は天地万物の根源である「道」を名状すべからざるもの、形のない「玄の玄」（幽遠極まりない）と考えました。それと同じように、いや、それ以上に『聖書』の神は隠れた神秘です。この思想は表面には出てきません。『聖書』に「いろいろのことを通して神がご自分を現わされた」と書かれていますので、今までの神学では、神の啓示されたことが中心テーマになっています。確かに、『聖書』は、神が過去に人間に語りかけ、今も語り続けていることを教えています。これを読むと、キリストの教えを信じていない人は、キリストの教えは「神の啓示」が中心で私たちには縁遠いと感じるのではないかと思います。なぜなら、日常生活の中で、私たち人間に神は直接に話しかけることはほとんどなく、沈黙しているのが現状です。遠藤周作は『沈黙』という小説によって神の沈黙を問題にしましたが、そこには彼の深い洞察があります。少なくとも神は沈黙しているという点では、私たちに非常に大きな光を与えてくれます。キリストの教えている神も、『聖書』の神も本当は

「隠れた神」なのです。つまり、玄妙で、人間理性では測り知ることができない神秘です。本質的に隠れた神です。『聖書』を上滑りに読むと、神が現われたことがたくさん書かれても、隠れていた神が現われたのだということがわかりません。神はもともと隠れた方です。その隠れた神が現われ、自己を啓示されたので、その啓示されたことを知れば知るほど、その神秘の深さがわかってきて、神が本当に「隠れた神」であることを、ますます悟るようになるのです。このことはいくら強調しても強調しすぎることはないと思います。神に出会えば出会うほど、本質は隠れていることが非常によくわかるようになります。そういう体験もなく、『聖書』を頭で理解して、『聖書』は、自己を啓示している神だと思ってしまいがちです。そういう人は、現われた神を実際に経験したのかどうか疑問だと言わねばなりません。それを経験したなら、神は現われていますが、現われれば現われるほど隠れたものになり、もっともっと深い底知れない深淵のように神秘であることを知るようになります。それが『聖書』の神です。そのことを考えながら読むと、『聖書』はすばらしいものです。

2　神の創造の母的「活き」

『聖書』の神は、老子の「道」が母的であるように、母的なのです。そのことが最もよく現われている箇所が、「創世記」の創造の母的な「活き」にあります。そこに、神が初めに万物を造られた様子が描かれています。

神は言われた。「光あれ。」こうして、光があった。

（一章三節）

「創世記」を書いた人は確かに「光あれ」という神の声を聞いたのです。では、どのように聞いたのでしょうか。神の声を聞くには、聞き方があります。私の体験を拙著『身の形而上学』に書きましたが、「創世記」の記者は預言書を読むことによって神の言葉を聞くことができるようになってきたのです。そのとき最も必要な前提は、神の言葉に従って生きるということです。従うことと聴くことは、中国語では同じです。聴くという字には、従うという意味があります。従うことによって初めて聴こえてくるものです。そういう意味で、私たちもエレミヤなどの預言者たちが、どのように神の言葉を聴くようになったのかを省察することが大切です。それによって、神の言葉を聴く感受性を養い、その上で「創世記」を読めるようになるからです。

初めに神は天と地を創造された。地は形なく、むなしく、闇が深淵をおおい、神の霊が水の面をおおい動いていた。

（「創世記」一章一節）

この文の中に出てくるイメージは大変おもしろいものです。「形なく、むなしく」「闇」「深淵」などのイメージを使いながら神の創造を描いています。神の「活き」は、言葉では絶対に表せないことを知りながらも、イメージを使って語るのです。言葉を超えたものをイメージを使いながら語るのです。神の創造の「活き」は隠れたものです。その隠れたものをイメージを使って語るのです。「地は形がなく、むなしく、闇であった」と。「闇」は、古代人にとって非常に恐ろしいものでした。私たち現代人は、照明器具などの発達によって「闇」は恐ろしいものでなくなりました。東京の街は世界でも一番安全な所だといわれています。女性が夜中歩いても何も怖くないそうです。ニューヨークだったら危なくてそんなことはできません。二〇年前に私がアメリカに行ったとき、男性でも八時以後は絶対外出しないようにと言われました。どうしても外出しなければならないときには、二〇ドル持って出るようにと言われました。強盗に襲われたら、その二〇ドルを出せば、命を助けてもらえるというのです。現在でも、それほど危険な「闇」の世界があるのです。そういう恐怖の中にいると、『聖書』のイメージ「闇」が、少し理解できるかもしれません。次に、「深淵」というイメージについては、底知れない深淵を想像してみてください。創造前の深い深い「闇」の淵には想像し難いものがあります。

「神の霊が水の面を動いていた」、水には二つの面があります。良い面と悪い面です。『聖書』では、洪水は恐怖の対象として語られています。老子は水の良い面を述べていますが、中国思想にも『聖書』と同じことが言えます。毎年、黄河の氾濫が繰り返されていたので中国人は水の恐ろしさを肝に銘じて知っています。

「神の霊が水の上をおおい、動いていた」、神の「霊」は母的なものです。『旧約聖書』では「おおう」は珍しい言葉で、二つの箇所で使われています。一つはヤーウェがイスラエルの民を旅の間中守っていく様子と、さらに、鷲が自分の雛のいる巣をおおうようにいつも守ってくれたことに使われています。ここでは神の母的な「活き」を表しています。もう一つは、「創世記」では、恐怖の対象、「闇」や水を母的な「活き」でおおっている箇所です。

「そして神は言われた「光あれ」、すると光があった」と。そして、光をご覧になると「良かった」と言われています。神はその後、大空や海、陸地や草木、太陽や月や満天に輝く星々、家畜や野獣、そして最後には、人間をご自分に似せて、創造されました。それらのものを創造された後、いつも「これを見て、良しとされた」のです。そして、最後に全ての創られたものをご覧になり、「見よ、それらは極めて良かった」と言われたといいます。だから、私たちも大自然の美しさに打たれ、感嘆することができるのです。こういう箇所を読むと、『聖書』の神は本当に慈しみに満ちた方だと思います。

では、「光あれ」という神の声を聖書記者はどのように聴いたのでしょうか。『身の形而上学』に私のささやかな経験を書きましたのでご紹介します。それは、伊豆半島に御来光を拝みに行ったときのことです。

全山は闇に包まれ、人影もなかった。
大空には銀河系の星々が煌めいていた。

やがて、東雲の空が明け染めて、周りの空と海面を少しずつ照らし出しはじめた。
そのときだ。見よ、真赤な太陽が太平洋の水平線に現れはじめたではないか。
燦然たる光線は放射状にまず広々とした天を、そしてやがて広い海を指し貫き、
大空と伊豆の山々が御来光に輝く。
それは荘厳この上もない光景だった。
私は思わず息を飲んだまま、その光景に吸い込まれた。
やがて、この上もない歓びと至福が私の全身を満たした。
そのとき、私は神を身近に感じ、神の創造の歓びと幸いの中に引き込まれた。
そして、神の創造の「活き」に触れることを聴《ゆる》されたように思えた。
「光あれ」。
どこからともなく天と地の広大な無辺の時空に
荘厳な「声なき声」が朗々と響き渡っていた。

（二三〇頁）

重要なことは、詩的なセンスです。老子も詩的な言語で語っていますが、「創世記」も詩的な言語で書かれています。非常に簡潔でリズムがあり、誰でもわかる詩的な言葉です。私たちもそれを感じ取るために、詩的な感受性を鋭敏にせねばなりません。その一つとして、創造の歓びを身近に感じることが大切です。「光あれと言うと光ができた」とは、物理的に光が出てきたことではあり

ません。神は「良かった(トーフ)」と言われますが、良かったとは、善という意味ではありません。私たちが「ああ、おいしいなぁ」というときに使う、感覚的なセンシビリティーに富んだ言葉なのです。そういうものを感じてはじめて、慈しみの心に触れることができるのです。今ここで創造の「活き」のことをいいましたが、「道の活き」も同じです。老子は、「道の活き」を知るために、水のように、幼子のようになり、柔軟な心を持ち、広々とした態度が必要だと言いました。自分の方から何かをつかまえようとするのではなく、幼児が大自然の美しさに感動するような態度をもつことによってのみ、神の慈しみ深い創造の「活き」を感得できるのです。

老子の言葉を借りれば、恍惚としているときに像が現われると言います。同じように、「光あれ」と言うときの神を、同じような見方によって観れば、奥深い薄暗さの中に微妙な「活き」を観ることができるのです。その微妙な「活き」は、真実であり、その中から信仰が生まれます。このように『聖書』をもう一度読み直すと、『聖書』が私たちの身近に迫ってくるのではないでしょうか。神の声を耳で聞こうと思っても聞こえません。それは読み手が読み方を知らないからです。

3 『旧約聖書』の神

『旧約聖書』の神も母的な神です。日本人には、『旧約』の神は恐ろしい審きをくだす神だと考えられています。しかし、『旧約聖書』をよく読むと、神は慈しみ深い方、母的な神であることがわかります。例えば、「出エジプト記」を読んでみましょう。神はモーセに顕われて次のように言っています。

わたしはエジプトにいるわたしの民の苦しみをつぶさに見、追い使う者のゆえに叫ぶ彼らの叫び声を聞き、その痛みを知った。それゆえに、わたしは降って行き、エジプト人の手から彼らを救い出し、この国から広々としたすばらしい土地、乳と蜜の流れる地に彼らを導き上る。

（「出エジプト記」三章七—八節）

苦しみ叫ぶ民をあわれみ、降って来て、彼らを救い出そうとなさる神は、審きの神でしょうか。慈しみ深い神でしょうか。神はあわれみを示しただけでなく、苦しんでいる民を救い出そうとしてモーセを遣わそうとするのです。

見よ、イスラエルの民の叫びはわたしのところに届いた。またわたしはエジプト人が彼らをしいたげるのを見た。だからわたしは汝（モーセ）をファラオのもとに遣わす。わが民イスラエルの人々をエジプトから連れ出すのだ。

（「出エジプト記」三章九—一〇節）

モーセはこの命令を聞いて、非常に恐れます。当時のエジプト王は非常に巨大な権力と軍事力をもっていたからです。その権力の手からイスラエルの民を救い出すことは、人間の目には不可能に思えました。神は現実的な歴史の中で、不可能を可能にしたのです。しかし、「出エジプト記」によりますと、モーセは神の全能の力によって、エジプト王の巨大な権力からイスラエルの民を救い出すことに成功したのです。これがイスラエル民族の歴史的経験だったのです。その後、イスラエルの民はこの慈しみ深い神を信じないで、反乱を起こし、偶像を礼拝したりしますが、それにもかかわらず神は救いの約束を守り続け、エジプトから約束の地までイスラエルの民を実際に救い出すのです。神は旅の間、雲の形をとってイスラエルの民と共に幕屋の中に住まわれたのです。イスラエルの民はエジプトから旅をし、その間にいろいろな困難に出会います。しかし、雲が幕屋を離れて昇ると、イスラエルの人々は出発します。幕屋に神が一緒に住まってくれ、彼らを導いてくれたのです。見えない隠れている神が、雲の形で現われ、朝起きて人々は雲が昇っているのを見ると、出発し、昇らないときは、昇るまで出発しなかったのです。昼は主の雲が幕屋の上にあり、夜は雲の中に火が現われました。イスラエルの人々は皆、それを見て、神がいつも自分たちを慈しみ深く守ってくださることを知ったのです。

イスラエルの人々は、雲のような微妙なものによって神を察知しました。微妙な活きが雲という姿になって現われたのです。それは老子が「道の活き」を「恍惚のうちに像《かたち》あり」、つまり、それを精（微妙なはたらき）によって知ったのに似ています。

主なる神は、土（アダマ）の塵で人（アダム）を形づくり、その鼻に命の息を吹き入れられた。人はこうして生きる者となった。

（「創世記」二章七節）

この箇所には、『旧約』の神が母的な方であることが最もよく現われています。このように、神は人間を造るとき、土から人間を造って、お母さんが子供に息を吹きかけるように、その人形《ひとがた》の鼻から「いのちの息」を吹き入れられたのです。人は、こうして生きる者になったと書いてあります。ここで息（ルアッハ）＝霊は、気と通ずるのではないかと思います。神は霊によって息を吹きかけて天地万物を造られました。ここでは「いのちの息吹きによって」人間を造られたのです。老子の思想に似たものがここにあります。「詩篇」にもこれに似たことが書かれています。

御顔を隠されれば地のすべてのものは恐れ、息吹き（ルアッハ）を取り上げられれば彼らは息絶え、元の塵に返る。あなたは御自分の息を送って彼らを創造し、地の面を新たにされる。

（「詩篇」一〇四）

神の霊が息吹くとき、世界が創造されます。そして新たに生まれるのです。この思想がずーっと続いていています。そうですすと、同じ息吹きは今も私たち人間を造り、万物を造っていることになります。その霊は、母的なものです。その母的な性格を私たちはすでに老子の思想の中でみてきました。それをもう一度使いながら、『旧約』の神を捉え直すと大変おもしろいものとなります。

4 徹底した「和光同塵」

ヨハネは、「御言は肉になられ私たちの間に幕屋を張られた(住まわれた)。独子としての栄光、恵みと真理に満ちていた」(一章一四節)と言っています。「幕屋を張られた」とは、『旧約』の旅の間一緒に旅をしてくれたことを思い起こさせます。『旧約』の幕屋のイメージを使いながら、「肉になった御言」が今も私たちと共に働かれ、私たちと共に旅をされていることを教えているのです。

さて、御言《みこと》(神のおん独子《ひとりご》イエス・キリスト)が肉になったのは、神が肉(人間)にまで謙りくだって、外から見れば、全く普通の人と変わらない者になったことです。この方を「神のおん独子」と認めるためには、神の光に照らされる必要があります。人間になるとは、肉として取るに足らないつまらないものになることです。その神性は隠れています。にもかかわらず、ヨハネは神の光に照らされて「独子としての栄光を見た。それは恵みと真理に満ちていた」と言うことができたのです。この栄光・恵み・真理は、実は隠れたものです。十字架が神の愛の現われであることを知るには、神の光に照らされる必要があります。神の光に照らされない限り、それは隠れたままです。たとえば、栄光の一つの現われは十字架です。なぜなら、十字架の悲惨な姿の中に、神の愛が現われ、栄光が輝いているからです。逆説的ですが、隠れることは現われることです。それは、『新約』の神の特徴だと言えます。

キリストは神の身分でありながら、神と等しい者であることに固執しようと思わず、かえって自分を無(ケノーシス)にして、僕《しもべ》の身分になり、人間と同じ者になられました。人間の姿で顕われ、へりくだって、死に至るまで、それも十字架の死に至るまで従順でした。

(「フィリピ」二章六―八節)

これこそキリストの「和光同塵」ではないでしょうか。なぜなら、神としての光を隠され、人間と同じ塵になられたからです。老子の道の特徴は、水のように謙り下ることでした。まさしく、キリストの「和光同塵」は、人間の姿になり、同じ罪人になり、どんな罪人でも抱擁する方となられたことです。

キリストの「和光同塵」はそれだけではありません。キリストはすべての飢えている人や渇いている人、苦しい旅をしている人や、病気の人、牢獄にいる人と共におられるだけではなく、ご自分もこれらの人々と一つになり、離れ難く同一化されます。

『聖書』を読むと、キリストは人間には考えられないほど徹底した「和光同塵」をしていることが書かれています。ゆっくり『聖書』を読んでみてください。さらにイエスは最後の審判について次のように語っています。

審判のとき、すべての国の民を集めて、父なる神に祝福された人たちを右側におき、次のように宣告します。「お前たちは、私が飢えていたときに食べさせ、のどが渇いていたとき飲ませ、旅をしていたときに宿を貸し、裸のときに着せ、病気のときに見舞い、牢にいたときに訪ねてくれた」と。この宣告を聞いた人はよく理解できなくて質ねます。「主よ、いつ私たちは、あなたが飢えておられるのを見て食べ物を差し上げ、のどが渇いておられるのを見て飲み物を差し上げたでしょうか。いつ、旅をしておられるのを見てお宿を貸し、裸でおられるのを見てお着せしたでしょうか。いつ、病気をなさったり、牢におられたりするのを見て、お訪ねしたでしょうか。」そこで、イエスは答えました。「はっきり言っておく。私の兄弟であるこの最も小さい者の一人にしたのは、私にしてくれたことなのです。」

（「マタイ」二五章三一－四〇節）

インドのマザー・テレサはこの言葉を真正面から受け止め、病気に苦しむ哀れな人、ことに死に瀕している多くの病人をキリストとして受け入れ看病しています。マザー・テレサにとって、病人はキリストご自身なのです。ですから、キリストを愛する愛と全く同じ愛で、今も病人を愛し、看病し続けています。

5 聖霊の母的「活き」

老子は「道の活き」を水に喩えて説明しました。イエスは「聖霊の活き《はたら》き」を水に喩えている点では老子とよく似ています。

祭が最も盛大に祝われる終わりの日に、イエスは立ち上がって、大声で言われた。「渇いている人はだれでも、私のところに来て飲みなさい。私を信じる者は、……その人の肚《はら》から生ける水が川となって流れ出るようになる。」イエスは、ご自分を信じる人々が受けるようになる「霊」について言われたのである。

（「ヨハネ」七章三七—三九節）

これまで聖霊が母的な「活き」をすることを述べてきましたが、それについてもう少し詳しく説明しましょう。「霊」はヘブライ語で女性名詞です。このこと自体が、「霊」が『聖書』の中で女性的性格をもつことを示しています。『聖書』がヘブライ語からギリシャ語に訳されると、プネウマという中性名詞となり、ラテン語とドイツ語になると、スピリトゥスまた、ガイストという男性名詞になります。そこで西洋の神学者は、これまで聖霊を神の男性的性格（支配する、管理する、物を造る）と結びつけて解釈してきました。ところが、『聖書』による霊（ルアッハ）は、人間や動物を動かし、生命を与え、鼓舞し、激励するものです。生命を与え、人を感激させ、励ますのは、女性特有の「活き」であり、母的な任務です。『新約聖書』でも、神の子の誕生や教会の誕生は聖霊によってなされています。誕生は母の「活き」であることは言うまでもありません。

では、上掲の「ヨハネ伝」では、聖霊が水に喩えられています。すでに述べたように老子は水の働きに喩えて「道の活き」を説明しました。この老子の説明を「ヨハネ伝」のイエスの言葉に応用すると、その言葉の深い意味がより一層明らかに浮彫にされます。「渇いている人」は、水に喩えられるような母的な聖霊の「活き」に渇いている人を指します。そのような人は無限の愛に満ちた「私」(イエス・キリスト)に来なさい。聖霊の母的な愛に導かれている人は、イエス・キリストの十字架と復活によって示された無限の愛に引きつけられ、その愛を信ずるようになります。そうなれば、その人は肚の底から聖霊の無限の愛の「活き」が生ける水の川がこんこんと流れ出てくるように湧き出てきて、その人の全身心は愛の充満に溢れ、真の至福を味わうようになるばかりか、その人の全身から愛の充満が周りの人々に迸り出て、「愛の共同体」ができ上がるのです。

これこそ、全人類が二一世紀に向かって、希求してやまない神的な「愛の共同体」ではないでしょうか。もし、それが実現するなら、人類は全く新しい平和と幸福の中に生きるようになるでしょう。

このような全人類の「愛の共同体」の実現は、夢物語か、架空な妄想に思われるかもしれません。しかし、イエス・キリストは「水のように」低い処に下り、最高度に謙りくだることによって、人間の想像力を遥かに越えた高みに上げられ、「天と地の一切の権能を天のおん父から授かっている」(「マタイ」二八章一八節)のです。この全能の権能は、愛に満ち、すべてのものを愛によって支え、完成し、全人類を「愛の共同体」に導くことのできる絶対的な力なのです。人間的に見れば、不可能なことを実現する「愛の充満である全能」です。深い丹田呼吸をしながら、心を静め、もう一度、フィリピ書の二章六―一〇節の言葉に耳を傾けましょう。その言葉は、キリストの教えた言霊《ことだま》「神の霊」に満ちていて、私たちの魂に「霊の息吹き」を与え、「愛に満ちた全能なる方」へのゆるぎない信頼を起こしてくれるに相違ありません。

キリストは神の身分でありながら、神と等しい者であることに固執しようとは思わず、かえって自分を無にして、僕の身分になり、人間と同じものになられました。人間の姿で現れ、へりくだって、死に至るまで、それも十字架の死に至るまで従順でした。このため、神はキリストを高く上げ、あらゆる名にまさる名をお与えになりました。（「フィリピ」二章六―一〇節）

第Ⅵ章
日本人の宗教性の多重構造とキリスト教の新しい姿

一　日本人の多層宗教性の基層

1　神道の神体験

これまで五回にわたって日本の諸宗教を学んできました。今日はこれらの勉強を総合して長い歴史のなかで、日本人の宗教性が現代の私たち日本人の宗教性を規定して、日本人は多重構造をもった宗教性を形成するに至ったことをお話したいと思います。そのような日本人の心に「キリストの道」が根づくようになるためには、キリスト教は新しい姿に変貌しなければならないと私は考えています。それではどのようなキリスト教にならなければならないでしょうか。この問いに今日の話の結論で答えたいと思っております。その手始めとして、日本人の宗教性の一番深い基層についてお話をします。それは第I章でお話した古代日本人の培った宗教性です。繰り返しになりますが、第I章の話を思い出しながら、まとめておきましょう。

私たち日本人という民族は、この土地に一一万年ぐらい前に現われたといわれています。しかし、最近の研究では、さらに古くからおよそ五〇万年前から、北京原人と同じような原人がいたという証拠が挙がっています。その証拠とは石器です。ただこの原人は化石になった骨が発見されていません。発見する可能性はあります。石灰質のところでなければ残っていませんので、現実的には発見は難しいようです。最近『朝日新聞』に、三世紀の初めの卑弥呼の時代の古墳が現れたという記事が載っていました。二一〇年ごろのもので弥生時代末期です。私たち日本人が住んでいるこの土地には、いろいろなところからたくさんの民族がやって来ている。一一万年ぐらい前頃から縄文人が北の方からやって来て、弥生時代になると同じモンゴロイドだが南方からやって来ました。古墳時代には高い文化をもった別の民族が来て、日本文化を創っていきました。そこから豪族が発生し、大和朝廷を作っていった。その前にいろいろな地方に神話はたくさんあったのです。それらを『古事記』というものに集めました。それは大和朝廷を神格化する神話ですが、その中にも古い信仰形態が残されています。たとえば、第Ⅰ章でお話しましたように、むすびの神、生成の神が信仰されていました。古代日本人は葦牙が燃えるように生えいでているのを見て、神の力を感じました。

このように、この日本という国に違った民族がいろいろな文化をもって渡来し、いろいろな文化ができあがってきました。それにともなって異なった宗教が生じてきました。縄文時代に森の文化が形成され、この森の文化は弥生文化の土台になりました。弥生時代の前に縄文文化があって、豊かな自然とたくさんの恵を受けていました。山と海と川などから恵まれた食物を得ていました。こういう体験から無限包容的な神を体験したのだと思われます。一方では荒ぶる神々という恐ろしい神も体験しました。その後の日本の歴史の中で、それは怨霊的な神々として民間信仰の中に生きつづけました。そういう神体験や文化の体験から無限包容性や受容性というメンタリティーが日本人の中に生まれました。あらゆる文化を受容し、心を開き、子供のような心でいるということ、これらは日本人の心性の一つの根幹的な特徴になったと思います。それを難しい言葉でいうと、白紙還元能力という言葉で表すことができるでしょう。今まで受けた文化が心の中に既にあると、自分の考え方が固定してしまう。その固定観念をつぶさないと新しいものを受けることができません。そこで、日本人は新しいものを容易に受け入れることができるように、古い観念も白紙にもどし、心を真っ白にして、新しいものを新鮮な気持ちで受容することができる。日本人はその点大変すぐれています。しかし、このことは倫理観をなくしてしまう危険性をふくんでいます。なぜなら、倫理的な規範や観念をも白紙にもどしてしまって、人間性の中心軸をなす倫理観を形成しなかったからです。

これらのことを前提にして、古神道的な宗教性が形成されました。それは天と地とよみ(黄泉)という三層構造をもった世界観であって、神体験を中心にした宗教性です。上田賢治氏の言うように、神と直接対面することを第一次的な出来事とする宗教性です。世界があるかどうかよりもまず神と対面してそこを中心にする。あらゆるものは神によって生成されたものと考える。むすびの神ということは、創造ではなく生成ということです。生命を産むということが中心的な考えです。だから母性的なイメージなわけです。土偶などはみな女性の形をしています。その土偶は、大自然の中にある神が無限生産性をもった神であることを象徴的にしめしています。彼らは、天も地もよみもその力によって生まれ、それが統合されて宇宙全体がいのちに結ばれていて、すべては身内であると感じていました。特に自然に対する深い親近性を感じていました。ここは非常に大切なところです。

これはただ単にエコロジー的な感覚というようなものではありません。現代のエコロジー思想は宗教性に根ざしたものではなく、単なる理念ですから、実在に根ざしていません。それですから、「人間と自然」との関係を創造する原動力にはなりません。どうしても神という究極的実在に根ざして、自然に対して親近性を持つことが大切なのです。それが新しい世界を創る根拠になるのです。神に出逢うことがあって初めて、自然は私たちと同じ神から生まれ、同じいのちによって養われているものであることがわかるのです。だから、自然は兄弟のように大切で、そこから学ばなければならないという考え方が生まれるのです。そうならないと、これからの新しいビジョンは生まれてこないと思います。私たちは自然とのこの親近性をもう一度回復しなければならないのではないのでしょうか。それが日本人にとっては古神道であり、ヨーロッパでは古代宗教性なのです。それをもう一度回復することが大切であると思います。それがキリスト教の古い伝統の中にも同じようなものがあって、私たちはそれを再発見しなければならないと思います。古神道を学び、自然との親近性を体験することによって『聖書』を新しい目で読みなおす時に、こんなすばらしいものが『聖書』にもあったのだと新しい発見をするのです。現代に生きる私たちは、古代宗教が持っていたものを、もっとすばらしい形で展開することが必要であると私は思うのです。

日本の古代宗教は古神道といわれています。精進潔斎とか、いつき祭るとかいうことが、古神道において非常に大切な言葉です。「いつき」とは、神にたいして畏敬をもって守護し仕えるということです。一〇人ほどの神職の方々が、真新しい白衣をまとい、たすきがけの出で立ちで、非常に深い畏敬の念を持って仕える姿がすばらしいものでした。このような態度で神迎えをする。神が顕現してくるのを迎え、食物をお供えする。これは神が食べるというのではなくて、山の幸、海の幸といった神の恵を、感謝して捧げて交歓するというものです。そして豊かな収穫や安全を願う。これは素直な心でなされる時は良いものだと思います。

ただ自己中心的な心で自分のために祈るようになると、利己主義になる可能性が大いにあります。精進潔斎して、神道に携わる人は、正しい信仰を持っていると私は思います。しかし、家内安全、商売繁盛などだけを祈っているのでは、利己主義であって、本当の宗教性ではないと思います。畏敬を持って守護し仕えるということが中心であった古神道は、すばらしいものだと思います。しかし、民衆的になり、本当の宗教心を失うと、堕落する危険があると思います。この堕落した部分だけをみて、神道を批判してはならないと思います。これはどんな宗教でもそうです。カトリックでも利己的な宗教性に堕落しているところがあるかどうかいつも反省しなければなりません。しかし、それを針小棒大にとらえて、すべてを否定してしまってはいけません。他宗教に対しても、純粋に宗教的なところを知って尊敬し、そして互いに習ってゆかなければならないと思います。これはこれから非常に重要なことだと思います。相手のことをよく知らない同士で喧嘩をしているというのが現状だからです。

神道では直会《なおらい》といって、供えたものを下げて神と共に食事をするという祭儀があります。この直会はキリスト教のミサに通ずるところがあります。直会は人間の願いと、自然的な恵を感じさせる祭りだと思います。本当の宗教であれば、必ず恵があるものです。カトリックではよく自然宗教と超自然宗教という分け方をします。これは浅い見方であると私は思います。神の恵があれば、それは超自然です。もちろんキリスト教の特徴は教義的に見て、無限に超越する神がご自分を啓示されたことにある限り、その超自然性は特別な意味をもちます。しかし、宗教体験という観点から観ると、あらゆる宗教の中に、神は超越的な恵を与えているという意味で、それらも超自然的であると言っていいのではないかと思います。

2　神道の「直会」から聖書の「直会」へ

『旧約聖書』の中にイスラエルの指導者たちが神と共に食事をしたことが「出エジプト記」二四章に書き残されています。これは一種の聖書的な「直会」であると言ってよいかと思います。それは次のような荘厳な契約式が行われた後の出来事でした。モーセが主の言葉に従って丸焼《まるや》けのいけにえを捧げ、契約の書を取り、民に読んで聞かせました。すると、彼らは言いました。「主の仰せられたことはみな行い、聞き従います。」そこで、モーセはいけにえの血を取って、民に注ぎかけ、そして、言いました。「見よ、これは主があなたがたと結ばれる契約の血である。」

このような契約式が取り交わされた後、モーセとアロンとイスラエルの長老七〇人は山に上がって行きました。そのときです、神がおだやかに顕われて、彼らと一緒に食事をする様を次のように描いています。

彼らがイスラエルの神を見ると、その御足の下にはサファイアの敷石のような物があり、それはまさに大空のように澄んでいた。神はイスラエルの民の代表者達に向かって手を伸ばされなかったので、彼らは神を見て、食べ、また飲んだ。（「出エジプト記」二四章一〇－一一節）

『旧約』の神は厳しく審判する神だと思われていますが、本当はそうではないのです。この『聖書』の箇所では、神は非常におだやかに姿をあらわしておられます。「御足の下にはサファイアの敷石のようなものがあり、それはまさに大空のように澄んでいた。」「神を見たものは死ななければならない」と言われていますが、ここではモーセと長老たちは神を見てしかも飲み食いしたのです。ところで『新約聖書』はこの聖書的「直会」をさらに一歩進めて、素晴らしい聖なる晩餐にまで高めました。そのときの模様をルカは次のように伝えています（「ルカ」二二章一四－二三節）。この晩餐は『旧約』の慈しみ深い神の救いのわざ、エジプト脱出を記念して行われた「過越の祭り」の中で行われました。

イエスはパンを取り、感謝の祈りを唱えて、それを裂き、使徒たちに与えて言われた。「これはあなたがたのために与えられるわたしの体である。わたしの記念としてこれを行いなさい。」食事を終えてから、杯を取り同じようにして言われた。「この杯はあなたがたのために流されるわたしの血による新しい契約である。」

ルカの伝える「聖なる晩餐」の儀式は簡潔ですが、広い文脈において考察するとき、その儀式の深い意味が浮かび上がって来ます。一番大きな文脈は『旧約』と『新約』の歴史です。『旧約』での契約はいけにえの動物の血による契約ですが、イエスの新しく制定された『新約』の儀式は肉になられた神の御子イエス・キリストの体と血による契約なのです。『旧約』と『新約』の契約の相違は天と地の差よりも大きなものです。いけにえの動物の血は私たち現代の日本人には馴染みの薄い、意味のないものかもしれませんが、イエスの制定された「新約の直会」では、神に捧げられるものは、十字架上で人類救済のために捧げられた「肉になられた神の子」御自身の体と血なのです。しかも、生々しい血の形ではなく、葡萄酒の形色のもとに身を隠された、象徴的な愛の契りのシンボルとされたのです。イエスは「友のため命を捨てるほどの愛はない」(「ヨハネ」一五章一三節)と言われただけではなく、それを身をもって実行されました。御自分の体と血をわたしたちのために捧げられたのです。この事実を深く省察するならば、私たち日本人にも「新約の直会」の深い意味が分かってくるのではないでしょうか。

イエスは生前次のように言われました。「わたしは天から下って来た生きたパンである。このパンを食べるならば、その人は永遠に生きる。わたしが与えるパンとは、世を生かすためのわたしの肉のことである。」(「ヨハネ」六章五一節)

弟子たちは素直にイエスの神的「活き」を信じました。神が「光あれ」と言うと、光ができたと、「創世記」には伝えていますが、弟子たちはそれを信じていました。ですから、弟子たちはイエスが「生ける神の子」であることを神の光に照らされて悟ったのですから、イエスの言葉「これはわたしの体である」を文字通り信じ、パンはイエス・キリストの体になったと信じたのです。信ずるだけでなく、彼らはイエスの命ずるままに、この祭りを「イエスの記念」として施行しつづけ、それを初代教会のどこにも広め、伝承させたのです。それ以来二千年にわたって何億という人が単純にそれを信じ、「新約の直会」を行っているのです。

この「新約の直会」こそ「キリストの道」の中心であり、原動力なのです。毎朝カトリック司祭たちはミサに与かる人々と共に、「新約の直会」を施行し、「生ける神の子キリスト」と一つになるのです。ミサではキリストの体と血はパンと葡萄酒の形によって象徴的に示されます。イエスの「体」と「血」に変化したパンと葡萄酒を頂くことによって、私たちの体と血はイエスの体と血になるのです。「生ける神の子」の満ちている愛と智慧と力の充満が私たちの身体全体を満たすのです。ミサの直後、静かに丹田呼吸をしながら、この聖なる「新約の直会」に深く参入するとき、言いしれない歓びと平安と活力が全身に漲って来ます。その結果、私たちもイエス・キリストが熱望されたように、全人類の救済のために活き活きと働きたいという熱願が肚の底から湧き上がってくるのを覚えるのです。

神道の特徴の一つは、祭りの宗教であり、教義がなく、聖典がないということである。教義がなくて宗教になるのかと、多くのキリスト者は思うかもしれません。しかし、古神道は行いということを大切にするのです。神道では、潔めや身心全体で祭りの行を表現するという伝統が続いています。そこには言葉にすると安っぽくなるという考えがあるようです。この感覚は非常に大切ではないでしょうか。私たちキリスト者は、何でも説明すると人はわかると思っているかもしれませんが、逆の場合もあるのです。神の神秘は人間の言葉では表現できません。説明すればするほど、神秘は安っぽくなってしまうものだ、という感覚をどこかで持っています。教義化することはある面で必要ですが、教義がないからだめだと考えてはならないと思うのです。教義は祭りや奉仕の行動の中に含まれているというのが神道の考え方なのです。これは後述しますように、『聖書』の中でもキリスト教の中でも重要なのです。

二つ目の特徴として、神像がないということです。仏教が入ってきて仏殿ができるようになってはじめて神殿を造るようになりました。それまで神殿はなかったのです。仏殿の中に仏像はあったけれども、神道はそれを真似ることはしなかった。これは大変なことだと思います。つまり神は像にならないという考えが神道にはあるのではないでしょうか。この点はキリスト教と軌を一にしています。『聖書』には神の像を造って礼拝してはいけないという厳しい掟がありました。この点でも、神道の宗教性は高く評価できると私は思います。

三つ目の特徴は共同体性ということです。これは悪い意味では、身内意識でこり固まって狭い日本という国に閉じこもってしまう危険性があります。しかし、共同体ということはどんな宗教でも、その中心であることは間違いないと思います。神道においても良い意味で共同体なのです。なぜならば、みんな神の子であり兄弟なのだから、言葉に出さなくても神のいのちをいただいて共有しているのですから、みんなで共同体を形成しているのです。特にキリスト教はすべてのキリスト者がキリストのいのちに生かされて、一つの「キリストの体」を形づくり、すばらしい共同体を形成しているのです。

四つ目の特徴は現世肯定ということです。このことの良い面は、大自然を活かしている神的ないのちの躍動を身体で感じているということです。この躍動性というのは、日本人に古来からあるものです。縄文土器の中に火焔土器というのがあります。燃え上がる炎を表現したような土器です。あれを創るには内にすごいエネルギーがないとできるものではないと思います。縄文時代に富士山の大噴火が起こって、忽然と富士山ができ上がったのですから、燃え上がった火焔は凄まじいものであったことは間違いありません。縄文人はこういう自然の中のエネルギーを激しく感じ取ったに違いありません。その感動がこのような火焔土器を生んだと思います。宗教性の原点は以後もずっと続き、親鸞、日蓮、道元にも通じているものです。したがって、彼らの宗教も非常に力強いものであったのです。

他に日本の宗教の特徴として、神仏習合ということがあります。多くの宗教が習合するという現象はインドなどでも見られることですが、日本の神仏習合は著しく目立つ現象です。これは良い面もありますが、純粋性を失うという悪い面もあります。

神道のこれらの特徴はその後日本に渡来した諸宗教に大きな影響を与え、それらを変容させ、日本的な仏教、日本的な儒教に変貌させたのです。日本の歴史の中で、この変容がどのように行われたかを詳しくここでは述べるわけにはいきません。ここでは鎌倉仏教の偉大な三人の宗教家の場合を検討しようと思います。この三人の宗教性には共通性が見出されますが、それらは古神道によって培われた日本人の宗教的基盤から生まれたものなのです。

二　親鸞・日蓮・道元の共通性

そこで親鸞と日蓮と道元の共通性を見ていくことにしたいと思います。この三人は鎌倉文化を背景に出てきたものです。その前に飛鳥、奈良という文化や平安文化がありました。この時代は輸入文化が大勢を占めていました。仏像においても、中宮寺の弥勒観音と韓国にある弥勒観音は大変似ています。これを見ても、輸入されてきたまま、似せたものを作ったことがわかります。しかしこの両者は少し違うところもあります。中宮寺の方は非常にやさしい表情をしています。おそらく百年ぐらいの間に仏像が日本化されたのではないでしょうか。日本人は外国の文化を受け入れながら、日本化するという特技を持っています。現代文明の中でも、日本人は外国から何かを習ってきて、それを改造してすばらしいものを創るということが得意です。宗教でもそうです。鎌倉時代はそのような文化と宗教が盛んになった時代です。

1　第一の共通点――行の重視

さて三者の共通点ですが、一番目は行を重視するということです。これは日本の宗教の特徴です。身体ごと行ずるということから始まる宗教です。神道も教義がなくて、祭りを行じていくということだけの宗教でした。この神道の伝統を受けた親鸞・日蓮・道元も、大乗仏教を受けて日本でそれを変化させてしまったのです。もちろん親鸞は浄土教を受け継いで、念仏の一行に徹底的に磨き上げたのです。それができたのは古神道の行中心の伝統があったからです。浄土真宗が日本の庶民の中に広まった理由もそこにあったと思います。この三人は日本の精神界を変えたと言えます。三人とも行を重んじています。その行は一つの行だけです。道元は只管打坐という、坐るだけ。親鸞は念仏の一行だけ。日蓮は題目を唱えるという一行だけです。さらに三人が共にそれぞれに重視していることは、信ということです。信の中でも真心が大切にされます。ここにも古神道の宗教性が生きています。これは三人とも使う言葉は違いますが、中心点はそこに尽きます。行とは全身心を投入するということです。ただ頭で考えて行うのではなくて、人間全体、体も心も全部投入しそこに専念するというものです。

2　第二の共通点――深い思索による根拠づけ

三人に共通している二番目は、行と宗教体験だけを重んじて、それで終わりというのではなく、その行の深い根拠をたずねるということです。そこが三人のすばらしいところです。そしてそれを書き残してくれました。親鸞を勉強するのに一番適当なテキストは、金子大栄の編集した『親鸞著作全集』です。この本の良いところは、簡便であることと、よい注解がついていますので、これだけを味読すれば親鸞がわかるということです。親鸞の著作の中でも一番大切なのは、『教行信証』です。これは親鸞が人に見せるつもりはなくて、自分が確信を得るために書いたものです。「南無阿弥陀仏」という行がどれだけ大切で、どういう心構えで行うべきかが書かれています。「教」にはどのお経に依拠するかということが書かれています。そのお経とは『大無量寿経』のことです。このお経が本当の教えを教えてくれることを理論づけて書いています。宗教体験によって親鸞はそのお経が本当であるとわかったのです。そして、「行」とは「南無阿弥陀仏」と唱える行のことです。それは凡夫である人間の行ではなく「大行」、つまり、阿弥陀様がご自分の功徳をすべてのことに廻らし施して、浄土に生まれさせる願を立てられているから、私たち凡夫でも阿弥陀様の願と功徳によって「南無阿弥陀仏」と唱えることができるのです。この行は凡夫である私の行でありながら、阿弥陀様が唱えさせてくれる行ですから大行なのです。それだから、この行はもろもろの功徳が具わっていて、真実の功徳は宝の海ですから、大行となづけられるのです。次の「信」とは信仰、それも阿弥陀信仰です。阿弥陀様が選び取って与えられた真《まこと》の心（選択廻向の真心）です。だから、この「信」は真実に満たされた信仰の海（真如一乗の信海）なのです。その意味でこの「信」は凡人の信仰ではなく、阿弥陀様が私たちに廻向して与えてくれた信心なのです。「証」というのは悟りのことです。凡夫の悟りではありません。阿弥陀様の本願を固く信じ、真心をこめて「南無阿弥陀仏」と一心に唱えると、阿弥陀様が与えてくださる完全円満な悟り（無上涅槃）です。親鸞というと悟りなんか問題にしなかったように思われるかもしれませんが、専心して信じていくと、悟りが開けるというのです。このように深い根拠づけをして、さらに深い省察をするのです。

道元の省察は親鸞とは違った意味で、すごいものがあります。道元は言葉は豊富だし論理の切込みも鋭い。それだけに難しいのです。道元の書いたものは坐禅をしなければわかりません。『正法眼蔵』は、坐禅をして何べんも何べんも読んで、ようやくわかってくるものです。それは道元が坐禅をし宗教体験を反省し、そして、根拠づけたものだからです。正法は正しい坐禅をすることによってわかるのです。坐禅によって正法を見分けることのできるこころの眼がそなわってくるのです。『正法眼蔵』は正法を見分けることのできる眼について書かれた本です。それは道元が長い間非常に深い省察をした結果生まれてきたものなのです。

日蓮も同じように「南無妙法蓮華経」という単純な題目を唱えるという一行だけに集中しますが、多くの経典を読み、その一行の正しさを根拠付けています。

3 第三の共通点――人格完成と広い世界観の確立

特徴の三番目は、宗教体験によって人格を完成し、ある世界観を完成させたということです。これは三人の基本的な立場でした。よって立つところの経典は違うし、行のありかたも違うのですが、この点では三人共通しています。四番目は還相《げんそう》、つまり報恩の行として、人類救済の実践に向かうということです。その還相の行によって喜びにあふれ、人々にその喜びを伝えて、同じ行に誘ってゆくということが三人に共通した、大切なところです。五番目の特徴は、形而上学的飛躍があるということです。この特徴は神道に欠けていたものです。本当の宗教体験というのは、普通の民間信仰とは違っていて、形の無い無限なものに向かって飛躍するのです。だから、体験された究極的なものは言葉にならないものなのです。論理的に説明できないものなのです。しかし何とかそれを論理的に語るわけです。その例として親鸞の立場を説明してみましょう。親鸞には愛欲の広海に沈むという自覚があります。それは彼の深い宗教体験の根本です。愛欲にさいなまれ、広い海の中に埋没している自分は罪人であるという自覚です。その自覚の中に弥陀の本願が下ってくるのです。つまり弥陀の本願は罪人を救うという念願です。『歎異抄』に、「弥陀の五劫思惟の願をよくよく案ずれば、ひとへに親鸞ひとりがためなりけり」という親鸞の言葉があります。弥陀の本願は罪深い私のためにこそあると親鸞は感ずるのです。この自覚があった時に転換が起こります。本願に生かされて躍動してくるというこの躍動こそが親鸞の宗教体験の特徴です。日本の古神道の宗教性の中で、大自然のいのちの躍動に出会うのが特徴であると前に述べました。ここでもそれが親鸞の宗教体験の中で、忽然として姿を現すのです。古神道が日本人の宗教性の基底をなしているというのはこのような現象によって証明されます。『歎異抄』の中にこういう言葉があります。「念仏者は無碍《むげ》の一道なり。そのいはれはいかんとならば、信心の行者には天神・地祇も敬伏し、魔界・外道も障礙《しょうげ》することなし。罪悪も業報を感ずることあたはず。諸善もをよぶことなきゆへに無礙の一道なりと、云々」というのです。無礙の一道とは、信じて心をまっすぐにして行けば絶対救われるということです。どんなことがあろうと貫徹できる。それほどその信心は躍動しているのです。

『教行信証』には、親鸞の心からの喜びの様子を書いてあるところがあります。その中の「三願転入」という部分を次に記すことにします。

自力で修行して悟りへ至ろうとしたが(十九願)悟れず。この十九願から第二十願へ回入し、さらに十八願(選び抜かれた本願の海)に入った。親鸞はこの本願の海に入ることのできた歓びを次のように記します。「ここに久しく願海に入りて、深く仏恩を知れり。至徳報謝のために、真宗の簡要をひろうて恒常に不可思議の徳海を称念す。いよいよこれを喜び愛し、ことにこれを頂戴するなり。」

この文を読むと、親鸞の深い信仰と歓びをかいま見ることができます。「ここに久しく願海に入りて」とは、阿弥陀様の慈悲深い本願の海についに入ることができたという意味です。本願とは自分の中に注ぎ込まれている小川のようなものではなく、慈悲が満ち満ちている大きな海なのです。世界全体に本願は満ち満ちていると、親鸞は感じていたに違いありません。「深く仏恩を知れり」というのは、この貧しい自分が本願によって救われて、その本願の慈しみの中で本当に恵に包まれているということです。「至徳報謝のために」(非常に高い徳に報い感謝するために)、「真宗の簡要をひろうて」「いよいよこれを喜び愛し、ことにこれを頂戴するなり。」この文の中には親鸞の全身が深い喜びの中に生き生きと躍動して、この信仰を他の方々に知らせたいと心が躍っているのがわかります。

『教行信証』にはこういう言葉が生の体験としてたびたび出てきます。そこから非常に強い信仰と喜びの生活があふれてきます。あの野武士のような姿からわかりますように、親鸞は力のある人でした。一三世紀の時代に九〇歳まで生きたということだけでも大変な人です。しかも迫害を受け、旅続きの苦しい生活をしていたのです。その中で本当に生き生きと生きた人だったのです。

4　道元から学ぶべき点

道元については、『道の形而上学』で詳しく述べたので、ここでは簡単に述べるにとどめます。道元は正師の見分け方を教えています。これは非常に重要だと思います。私の師である大森曹玄老師は、禅会に行ってすぐその老師につくことはひかえなさい、本当の師であるかどうか見分けなさい、ということを強く言っていました。しかし、この人こそ師と決めたら、全身を打ち込んで、その師に従っていきなさい、とも言っていました。私は大森曹玄老師のところへ行く前に、二人の老師についていました。曹玄老師の所に行って二、三カ月したころ、相見して参禅したい旨言ったら、前の老師との関係を絶ってきなさいと直日《じきじつ》を通して言われました。そこで、二人の老師の所に行き、理由を話してやめさせて頂きました。このように背後を断ち、背水の陣をしいて、一人の師に参禅しました。本当に全身全霊をこめて師に従い、師のあらゆることを真似しようとしました。

それはキリスト者にとっても同じことだと思います。キリスト者にとって、唯一の師はイエス・キリストです。イエス・キリストが本当に人類の師であるかどうかをよく考え、よく見ることが大切です。ただ単に皆が言うからとか、話がおもしろいからと言うのではなく、自分の目で確かめることを是非やってほしいと思います。やはり重大な決定ですから、本物を見分ける力は各人はそれぞれ頂いていると思いますから、よく考えて頂きたいと思います。特にイエス・キリストについてはそうだと思います。

正師を見分けろということは、道元は自分自身の体験に基づいてそう言っているのです。彼は中国に渡っていろいろな老師から、印可状をあげるとも言われたが、断ってもらいませんでした。そして如浄に会った時、即座に師ときめて、その下で修行して、印可を受けて日本に帰ってきたのです。

それから『聖書』の読み方について道元から学ぶ必要があると思います。道元にとって『聖書』に相当するものは仏典ですが、仏典は道元にとって宗教体験を明らかにする書物です。それをどのように読むか。道元の言葉にこういうのがあります。「祖師の一句半句は、祖師の温かき身体である」と。「温かき身体」という言葉を、単に文学的表現として読むのではなく、宗教体験として読まなければいけないと思います。公案にあるような祖師方の言葉、例えば「無字の公案」を考えて見ましょう。「趙州和尚に因に僧問う。狗子に仏性有りや無しや」とあります。趙州はある僧から、犬ころに仏性が有るか無いかと聞かれるのです。すると趙州和尚は「無」と答えたのです。始末の悪いことには、他のところでは「有」と答えています。これはどういう意味でしょうか。これらの答えは頭で考えて、それを口で表現した言葉ではないのです。趙州の身体全体で叫んでいる言葉なのです。趙州が長い年月真剣に坐禅し、あるときついに悟ったところを全身で表現した言葉なのです。その宗教体験から生まれたのがこの公案です。ですから、この公案を解こうと思えば、趙州と同じように全身全霊を投げ出して、命がけで坐禅して、はじめて悟れるのです。趙州の命をかけた言葉が私の全身に迫って来て、私の身心全体を転換させ、生き方を変えて、人格を変え、趙州と同じ境涯にまで達せさせてくれるのです。道元の上掲の言葉「祖師の一句半句は、祖師の温かき身体である」とはこのような意味があるのです。趙州の「無字の公案」の例が示していますように、それは祖師の一人、趙州の一句ですが、趙州が全身全霊をかけて参究し、ついに悟った一句です。その一句の中には趙州の温かな身体が躍動しています。その一句は趙州の「温かき身体」なのです。

『聖書』の中に出てくるイエスの言葉もイエスの全身全霊をかけた言葉ではないでしょうか。例えば、「日々己が十字架を担って私に従いなさい」との言葉はどこから出て来たのでしょう。十字架上で死なれたイエスが身をもって示している言葉ではないでしょうか。あるいは「貧しき者は幸いである。天の国はその人のものだからである」(「ルカ」六章二〇節)。この言葉は馬小屋で生まれ一生涯を極貧の中で生きたイエスの言葉ではないでしょうか。

そして道元から学ぶべき三番目のことは、坐禅による正法を見分ける眼を養うということです。

坐禅しないと正法はわからない。何故かというと、行の中に証があるからです。証とは悟りのことです。本証（すべての人を悟らせようとする道の「活き」）が坐禅の行為の中に働いているから、正しい法を悟ることができるのです。ここでちょうど神道の祭りと深くつながっています。祭る行為のうちに神を知ることができるのです。神の働きがあらかじめあるから、祭る行為が人の中に生まれます。神に対してどういう態度を取らなければならないかは、祭りの行為の中に現われており、この態度こそ神道の人々にとって教えなのです。祭る行為を習うことによって神道を習うのです。言葉に出さないが、祭る行為のうちに深い神の活きと証しがあるのです。同じように、坐禅というのは道元にとっては、お釈迦様のなさった正しい行です。それで仏になった行なのです。だからそのまま実行して、初めてその悟りがわかります。あるいは、逆に言えば、正しい坐禅をすることそのことに悟りは実現しています。神道と違うところは、神道はそれを反省し解明していかないことです。道元は坐禅してそれを反省し解明するのです。坐禅というのは簡単な行です。しかし最も深い意味を持っています。だから道元はあれだけの本を書かざるをえなかったのでした。その時に仏典がそれを照らし出してくれる鏡になったのです。

キリスト者にとっては『聖書』が同じ役目を果たしてくれます。『聖書』によって私たちは自分の体験を照らし、それによって私たちは自分の行為を究明することができるのです。しかし、キリスト者の場合もやはりまず行為があるのです。信じ従っていくという行為です。それによってだんだんと眼が開けてくるのです。

坐禅しながら黙っているのではありません。そこで眼を開きながら、その行が本当に眼を開く行であるかを確かめて行かなければなりません。そうすることによってのみ、行為の中に隠れていた悟りが顕われて来るのです。顕わになった悟りを反省し、言葉に表して、正しい法を説くことができるようになるのです。道という言葉は、「いう」という意味があります。また、「行為する」という意味も含まれます。さらに、「根源」という意味も含まれています。そこで道元は「道得」ということを大切にします。「言い得る」という意味です。もっと詳しく言えば、行ずることによって根源なる道に照らされて、言葉で表現しうるようになることを意味します。少なくとも表現しえないと、本物ではないということです。そこは神道と比べてより高い境地へ飛躍しています。だから、道元は神道よりもより高く深い文化的次元に昇ったと言えます。この意味で道元が生きた一三世紀は、日本において非常に発達した文化を持っていたと言えると思います。

5　日蓮から学ぶべき点

日蓮について特におもしろいのは、教典の読み方と仏の絶対的な行の中に入るということです。日蓮の『開目抄』の中で「事の由をし計るに」という言葉が出てきます。「事」というのは、『法華経』の真実という事です。それは、形の無い超越的な根源が現われるという出来事です。迫害の真っ只中で、その根源をたずねているのです。推し量って、迫害という事実に超越が内在し働いているることを観るのです。歴史的な出来事が、超越的な出来事を含んでいると考えています。これはキリスト教を考える上でも非常に重要なことです。普通の出来事、例えば、病気や争いごとで苦しむとき、私たちはそれを心理学的に見て、お前はこういう欠点を持っているからこうなんだなどと、いろいろ分析したりします。しかし、日蓮はそう考えません。これはキリスト教も同じです。霊的な出来事として考えるのです。もちろん自分の欠点が現われるでしょう。そのことは私たちの反省の材料になります。自分の罪を反省した上でさらに、キリスト者はキリスト教的な眼で現在の苦しみの時を省察します。そして、この苦難の時こそキリストが私たちと共にいてくださる時であることを観るのです。日蓮はそのようにしているのです。

日蓮は迫害を受け、牢屋にぶち込まれたときに、『土籠御書』を日朗という弟子に向けて書いています。「日蓮は明日佐渡の国にまかるなり。今夜のさむきにつけても、ろうのうちのありさま、思ひやられていたはしくこそ候へ」と冒頭に書きます。自分も寒いのだが自分と同じように牢屋にぶち込まれた弟子の日朗を思いやって、お互いに共感し合っているのです。「殿は法華経一部を色心(身と心)二法共にあそばしたる御身なれば、父母六親一切衆生をもたすけ給ふべき御身也」と書きます。あなたは法華経を体と心で読み込んだ方です。迫害を受けたことは、法華経に書いてあることがあなたに実現しているのです。「事」の中に根拠(法華経に書かれている真実)を見ているのです。つまり「事」というのはいま起こっている出来事(迫害という出来事)のことです。出来事の中に、法華経に書いてある出来事が真実であること(「由」)が現われていると言うのです。「経文の心は眼前なり」、すなわち経文の言おうとしていることははっきりしてくるのです。「重ねて経文を考へて……身のとがを知るべし。」このように非常に深い反省を促しながら、歴史の中の出来事の中に仏の活きを観ているのです。

キリスト教においても「事」(出来事)が重視されます。なぜなら、歴史的現実というものは、キリスト教では救済の活きの現われだからです。これはキリスト教を学んだキリスト信者はみな知識としてよく知っていることなのです。しかし、具体的な場で考えて、それを現実味をもったものとして悟っていません。現実の場に立った時に、例えば、苦難がやって来た時に、病気になった時に、それがキリストの救いの「活き」の実現する時機《とき》だと全身で感得していません。しかし坐禅して、身心を統一し、キリストの「活き」と一つになって観るとき、「私」が苦しむ時、病気の時こそキリストが「私」と共に十字架にかかり、復活する時機だということが悟れるのです。それを悟らないと「事」を推し量って、キリストの「活《はたら》き」がそのとき現実化していることが観えてこないのです。私たちのかかわる歴史的現実の中に、キリストの「活き」が現われるのです。歴史的現実の中に神の御意志が現われ、そこで自覚することができるのです。キリスト信者が生きなければならない「キリストの道」とは抽象的なものではないのです。神学をよく学び、神学書に書いたものは全部知っていても、現実の生活の中で歴史的出来事を深く反省していなければ、生きた信仰とはいえません。私たちは日蓮から学ぶことによって、キリスト教を新しく見直し、しかも具体的な場で反省することによって、新しい「キリストの道」を切り拓いて行くことが大切だと思います。

三　キリスト教の新しい姿

1　聖書に帰る——単純な信・行の一致による深い神体験

次に私たちはこれまで日本の諸宗教を学んで来ましたが、その成果を踏まえて、新しいキリスト教の姿を考えて行きたいと思います。日蓮が『法華経』に帰り、親鸞が『大無量寿経』や曇鸞・世親などの経論にもどり、道元が釈尊や祖師がたの言句を参究したように、キリスト者はまず何よりも『聖書』に帰ることが必要であると思います。このことはヴァチカン第二公会議以後カトリックで広く言われていることです。私たちは『聖書』を、日本人の歩んできた長い伝統の中で読む必要があると私は思います。ユダヤ教の中でも初代教会でも、迫害の中で『聖書』を読んでいます。当時の人は迫害されて身につまされて苦難の意義を身をもって体験していましたから、キリストのメッセージがピンピンと響いてきたのです。現代私たち日本人は高度成長を経て豊かな生活の中に生きていますので、『聖書』を頭で読んでしまって、身体全体で読むことをしないのです。今まで見て来ましたように、日本は長い伝統の中で単純な信と行による深い神体験へと飛躍することが大切であることを学んできました。『聖書』においては、信と行は一つでした。親鸞の中でも一つです。教・行・信・証と分けて考えていますが、行為としては一つです。「南無阿弥陀仏」という称名行為の中に、行と信が共に入っているのです。それがないような「南無阿弥陀仏」は正しい念仏ではありません。信と行は一つの行為の二つの側面です。

同じことは聖書的な信仰行為について言えます。『聖書』で信仰とは「キリストに従う」ということです。キリストに従う行為そのものが信仰行為なのです。信仰は何かということを『聖書』に基づいて言えば、そう言わざるを得ません。

私はかつて「トマスにおける信仰・行為」という論文を書いたことがあります。トマスは中世最高の神学者です。そのトマスによれば、信仰の行為そのものは理性の行為であると言います。なぜかというと、啓示された真理を信ずるのは理性だからです。理性の行為であると結論するのです。しかし、信ずるということは理性だけではなく、意志が関与しています。信という時、意志が承諾しているのです。私も一所懸命トマスの神学を勉強していた時、その教えの明晰さに感激したものです。しかし、『聖書』をよく学び、よく読むと、そんなことは一つも書いていないことを発見しました。『聖書』の中で信仰について述べているところはたくさんあります。イエスが弟子たちに「私についてきなさい」と言う。弟子たちはそれに従う。これが本当の信仰です。その行為の中に信じ従うという全身的な献身があり、その献身することこそが信仰行為なのです。だから行為というものが『聖書』の中でどれほど深い意味を持っているかがわかります。そこには、キリストが弟子に注がれた恩寵が豊かに含まれています。そして、その恩寵に従っていく行為はダイナミックな全人的な信仰行為なのです。生涯にわたる決意がその中にあります。そういう行為を反省することによって、そこに本当の神学が生まれると思います。そういう神学なら人の心を打つものになるでしょう。トマスのように抽象的に言われると頭の良い人の興味を引くかもしれませんが、実際生活には全く役にも立たない抽象論です。そういう神学にも正しい面もあるかもしれません。しかし、それは抽象的で全人格が関与しないものに思われます。聖霊の注ぐ智慧によらなければ「イエスは真のメシアである」ということを本当に見分けることはできませんし、「全人類の師である」ことも見分けることができません。聖霊の光に理性は照らされて智慧にまで高められてはじめて、これらのことが悟られるのです。その限りでは理性も貢献しますから、盲目的に信じるということはないのです。しかし中心はどこにあるかと言うと、聖霊(神の霊)に従っていくというところにあるのです。そして初めて本当の信が成立するのです。それなしに信は成立しません。そこに帰る以外「キリストの道」はないのです。このような意味の信はすでに深い宗教体験です。

2　神体験から神経験への飛躍

しかし、宗教体験だけではまだ不十分です。私は宗教体験から宗教経験までに飛躍しなければならないと言いたいのです。体験と経験のどこに違いがあるのでしょうか。「体験」とは、神によって与えられた深い感情・喜び・平安、そういうものがあって、信仰の道を強く歩み始めるときの初期の宗教体験のことです。洗礼を受けて少し経つと、次第にこれらの感情はなくなってしまいがちです。他の例で言えば、ある人が修道院に入って、はじめは非常に感激して、喜びと平安に満たされていますが、一ヵ月たつかたたないうちに、だんだん荒んで、心が揺れてくるということがあります。はじめの喜びと平安は一種の「体験」ですが、体験というものは脆弱なもので、すぐ消えてなくなりやすいものです。それはキリストの豊かな恩寵(「活き」)を自分の受け皿でもって、受けているのです。自分の受け皿は自我の殻に覆われていて、キリストの「活き」の充満を十分に受け入れることができないのです。それは私の神体験であって、私が中心になって、神を受けているのです。だから、本当の神に出会っているのですが、非常に浅くしか神と出会っていないのです。それはせいぜい神は慈しみ深い方だなあと思っている程度です。本当に神に出会うと言葉にならないほど深い神秘であることがわかってきます。しかも、その神秘の中に自分が入り、その中に包まれて初めて本当に神に出会ったという確信が出てくるのです。そしてこの神との真の出会いから世界に対するビジョンが生まれてくるのです。ビジョンが出てくると同時に活《はたら》きが出てくるのです。人間はあらゆる能力が神の活きの中に巻き込まれて、活性化されるのです。たとえば小説家であれば、小説家としての構想力、イマジネーション、そして、物語を作る能力全部が活性化されます。私はこのような創造性豊かな経験を神経験と呼ぶのです。そして、このような神経験がある時に歴史的世界が見えてくるのです。

3　道なるキリストの「活き」の経験

そのためには、大変な飛躍が必要です。全身心を潔めることが必要です。その潔めに耐えていかなければなりません。それを成し遂げるためには大変な苦難に耐える必要があります。そのためには「道なるキリスト」の活きの経験がどうしても必要だと思うのです。そのためには、ただ祈っている時だけではだめで、日常生活の真っ只中で、さげすみ、苦難、挫折の真っ只中で、イエスが私と共に生きていることを感じ、そこで全身心が転換され、「新しい人」になる必要があるのです。「私のためにイエスが十字架にかかった」ということをそのとき知ることができるようになります。親鸞が愛欲の広海の中に沈んでいる自分の中にあの本願が聞こえてきて、これは私一人のためだと感じました。同じように、キリスト者の場合でも、どうしようもない自分というものがわかってきて、その私に向かってキリストは語りかけ、働きかけてくれるのです。その時、キリストが十字架にかかったのは私一人のためだということがわかり、生き返るのです。私一人のためにキリストは十字架にかかられたと悟ることができれば、私の全身は歓びに満たされ、生き生きと躍動してきて、絶対に大安心の中に生きることができます。どんな誘惑があり、どんな苦難があろうとも、キリストが私一人を愛し十字架にかかって下さったということは疑いえない現実となるからです。そして、そういう経験がある時に、キリストの十字架と復活が人類の歴史、世界の進化の中心になるのです。それが天と地とよみ(冥府)の三層構造の宇宙を統合する中心になるのです。そこから救いと創造が生まれ、全世界はそこから創られるのです。全人類、全宇宙が救われるのはそこからなのです。

そういうことを悟るために『聖書』を使いましょうと、私はすすめるのです。『聖書』を読む時に全身で読むことが大切です。例えば『聖書』の十字架と復活というのは、復活した事実を告げているのではないのです。あるいは、キリストが十字架にかかり復活されたのは、私たちの救いのためにであったということだけではないのです。それを見て、ああいいな、すばらしいな、それを信じよう、というのではないのです。このことはあるキリスト者にはわかりにくいかもしれません。そこでイエスの弟子たちのことを省察してみましょう。

4　聖書の身読

弟子たちは全身でキリストの十字架と復活を体験し、回心し、全身心を全く新しい生き方に転換させられたのです。そして、聖霊を受けて、迫害を耐え忍ぶことを通じて、十字架・復活の「体験」を「経験」にまで高めることができたのです。私たちも弟子たちと同じように全身でキリストの十字架と復活を経験するように『聖書』を読まなければならないのではないでしょうか。ですから、私は『聖書』を頭で読むのではなく、「身読」しなければならないというのです。道元の言葉を使って言い直せば、『聖書』の言葉はキリスト御自身の「温かき身体」なのです。その「温かき身体」が十字架から復活して、それが今私の中にはいって来て、私を生かしているのだ、というようになるまで『聖書』を身体で読むことが重要なのです。そのためには、キリストと共に十字架にかかり、そのために全身全霊をなげうつということが必要です。そういう行は、坐禅のような呼吸を使って全身心を投入する方法によって容易になしとげられると私は思います。坐禅によって全身心をキリストの十字架の行に投入するとき、躍動する生命力に満ちたキリストが、私と共に生きておられることを全身で悟れるようになるのです。キリストの十字架に生かされたキリスト者の生というものは、キリストの生がそうであったように、最高度に躍動してこないといけないのではないでしょうか。それを示さないキリスト者は本物ではないのではないでしょうか。私たちは生き生きとしたキリスト者でなければならない、私はそうなりたいと思っています。

坐禅は呼吸を使って全身心を投入することができるように、私たちを変えます。十字架にかかったキリストは、今私の中に生きて共に死のうとされている。今私と共にダイナミックに生きていらっしゃるのです。だからその躍動に助けられて、私たちは自分を完全に投入できるのです。キリストの十字架に完全に自己を投入するならば、キリストの生命に満たされ、復活の歓びが充満してくるのです。そういう喜びが充満してこないようなキリスト者であったら、それは本物ではないのではないでしょうか。

5　自然を生かす神から歴史を動かす神へ、父なる慈しみの神へ

もう一つ重要なことは、自然を生かしてそこに満ちている神を経験するということです。それが現代のキリスト教の中で最も忘れられていることだと思います。私がこの点を強調したら、ある若い神父から「そんなものはキリスト教と関係ありません、自然よりも人間の交わりが必要です」と反対されました。私は沈黙を守るよりほかありませんでした。しかし『聖書』のキリストの言葉は、自然の出来事に満ちています。「この花を見なさい」「小鳥を見なさい」などたくさんあります。キ

リストは「見なさい」といっているのです。自然をよく観察し、深く黙想して、そこに「父なる神」の慈しみの「活き」を観なさいと言っているのです。その点で、日本の宗教性の基層である神道の体験を活かすことによって、キリスト教はもっともっと日本人に近づきやすいものになります。

ところでキリスト教の中心は、ミサの祭りです。神道は祭りの宗教であるように「キリストの道」も祭りの宗教なのです。そこで、私たちキリスト者は、神道から祭りの時の根本的態度を学ぶべきだと私は思います。神道の方々がみそぎをして身を潔めて斎《いつ》きまつる深い畏敬の念で神に仕えています。祭りの時のこの態度を私たちキリスト者は学ぶ必要があります。もし、このような身を潔めて神に仕えるという態度でもってミサに与かるならば、ミサ聖祭から大きな霊的力と智慧をえることができるに相違ありません。なぜなら、ミサの中でキリストの十字架と復活の行為が再現されるからです。最後の晩餐の時に、十字架にかかる前にこの祭りを行いなさいと言われて、私たちはその言葉に従ってこの祭りを行うのです。ですから、司祭が唱える言葉「これは我が体である」と言う言葉は、キリスト御自身の言葉になるのです。キリストの言葉ですから、パンはキリストの体になるのです。キリストは人類救済のために御自分の体を「父なる神」に捧げるのです。このようにしてミサ聖祭の中で十字架にかかり復活されたキリストは、私たちと共におられるのですから、私たちはミサに与かることによって、キリストと共に斎きまつる深い畏敬の念をもって、神に仕えることができるのです。

私の主催する団体「道の共同体」の者一五、六人でスペインに巡礼に行きました。巡礼の第一日はマドリッドからレオンという市へ行きました。私たちはレオン大聖堂に着いたら真っ直ぐ祭壇の前に行き、そして、呼吸を使って「天にましますわれらの父よ」という祈りを皆で唱えました。そうしたら私たちのその祈りを聞き、そこにいた人が非常に感動しました。東洋人の祈る姿には西洋のキリスト者を感動させる何かがあるようです。また、あるところで朝ミサをたてた時、八〇を越えた人がミサに与かってくださいました。ミサに与かっていたからブラザーかなと思ったら、実は神父でした。その神父は私たちの祈り方に接して、非常に感動したと言うのです。そして、今は東洋の人に霊性を私たちヨーロッパ人は学ばなければならないと言われるのです。私はそれを聞いて、私たちはスペインの人たちから信仰を学びました。それに感謝しており、それに対して少しでもお返しできるなら、これほどすばらしいことはありませんと申し上げました。今の時代は、私たち東洋の人間が身体で示す霊性がいくらか西洋の人に感動を与えるものがあるようです。私たちは坐禅して身体で学んでいるグループでしたから、何か相手に響いたのかもしれません。

私がこれらの経験から学んだことは「『聖書』を身で読み」、「ミサ聖祭に全身で与かり」、「呼吸を使いながら全身で祈る」ことがいかに大切であるかということでした。そのような行を通じてキリストの「活き」が全身に満ちて来て、それが知らず知らずのうちに西洋のキリスト者の魂を感動させたのだろうと思います。この経験を生かしてこれからも精進し、身で行ずるキリストの道を広めて行くならば、歴史を変えることができるのではないかという「想い」が大きくなっています。なぜなら、このような身をもって行ずることによって私たちはキリストの無限の「活き」に満たされ、歓びに満たされて歴史を動かし、宇宙を動かして、全人類を新しい方向に転換できるのではないか、と思うのです。そういうことが、これからの新しいキリスト教にとってどうしても必要なことだと思います。

四　農夫の如く宇宙の中で働かれる神

『聖書』の神は農耕民族である日本人にはなじまない絶対唯一神だ、というのが日本人の通念です。ところが驚くべきことに、「詩篇」六五は神を農夫として描いているのです。『旧約聖書』の「詩篇」は、神体験の表現と言われています。そこでこの「詩篇」を読んでいくことにしましょう。二節から四節は説明が長くなるのでカットすることにします。第六五篇は三つの部分から成っています。第一部(五節)は、最高の神の経験について述べたところです。

五節　いかに幸いなことでしょう
あなたに選ばれ、近づけられ
あなたの庭に宿る人は。
恵みに溢れるあなたの家、聖なる神殿によってわたしたちが満ち足りますように。

「詩篇」作者は神に選ばれて、神に近づくことが許された経験を語るのです。そのような人はどんなにか大きな幸いが訪れるでしょうと、まず歓びの声を上げます。次に神の家に入って、そこで経験したことを語ります。神の家は恵みに満ち溢れ、そこに入ることを許された人を歓びで満たし、充足させます。それは最高の神経験なのです。そこが天と地と地下の中心になります。その上、そこは歴史の中心にもなるのです。

次の六節から九節が第二の部分です。「詩篇」作者は最高の神経験に恵まれ、その結果、眼前に宇宙と歴史を見渡せる全体の視野が開けます。神経験から宇宙と歴史を見渡す視野が開けるのです。六節から九節では「詩篇」作者はその視界から見えるものを語るのです。

六節　わたしたちの救いの神よ
　あなたの恐るべき御業が
　わたしたちへのふさわしい答えでありますように
　遠い海、地の果てに至るまで
　　すべてのものがあなたに依り頼みます。
七節　御力をもって山々を固く据え

雄々しさを身に帯びておられる方。
八節　大海のどよめき、波のどよめき
諸国の民の騒ぎを鎮める方。
九節　お与えになる多くのしるしを見て
地の果てに住む民は畏れ敬い
朝と夕べに出で立つところには
喜びの歌が響きます。

「詩篇」作者は神殿の中で神を直観し、「わたしの救いの神よ」と親しく呼びかけます。神を「あなた」と呼びかけるのですが、その御業は偉大で、人間にとって恐怖を起こすほどのものなのです。しかし、二節で「あなたに満願の献げ物をささげ」、三節で「祈りを必ず聞き入れてくださる」と告白した「詩篇」作者は、神の「恐るべき御業」さえも献げ物や祈りにふさわしい答えであることを希望します。その後に「遠い海と地の果てに至るまで」、すなわち宇宙を見渡して見ると、すべてのものが神である「あなた」にすべて依り頼んでいる現実が見えて来ます。七節では神がその偉大な力で山々を固く据える様が見えて来て、神が「雄々しさを身に帯びておられる方」であることを悟ります。八節の「大海のどよめき云々」では、「詩篇」作者は歴史的な出来事を考えています。作者は歴史の中でいろいろな所へ流され、苦しみ、迫害を受けたのですが、神はそれらの騒ぎを鎮めてくださったのです。ですから、「詩篇」作者にとって神は歴史の主なのです。歴史の中に起こった多くの不思議な御業を見て、地の果てに住む民はすべて「歴史の主である神」を「恐れ敬う」のです。しかし、同時にその神の御業はすべての人に救いをもたらし、人々は喜び歌うようになるのです。そこで作者は「喜びの歌が響きます」と言うのです。響くとは満たすということです。喜びが満ちているということです。宇宙が神の慈しみの支配の中で喜んでいるのが見えてきたのです。これは楽観主義です。歴史的出来事の中でイスラエルの民は多くの苦難を受けるのですが、神はそれらを鎮め、最後には「喜びの歌が響く」ようにしてくださるのです。これ以上の楽観主義はないのではないでしょうか。神道も根本的に楽観主義なのですが、罪の問題を踏まえていないように思われます。

歴史の中にはかぞえきれないほどの人間の苦しみと挫折と、耐えられないような歴史の業苦がありましたが、これからもあるでしょう。私たちは今世紀、二度の世界大戦を経験しました。今でもいろんな事件が起こって、人間的に考えれば、乗り越えることができるかどうか、見通せないような困難な出来事(エイズの問題、カンボジアやボスニア問題など)にも直面しています。しかし、本当に、謙虚になり、この「詩篇」作者のように神の偉大な救いの御業を見ることができるようになるならば、それらの苦難や解決不可能に見える問題を乗り越えることができるのです。なぜなら、宇宙の進化と歴史の変遷は慈しみ深い神の支配の中にあるからです。全人類と全宇宙に「喜びの歌が響き渡っている」のを聞くことができるからです。

つぎに第三の部分。作者はここでは豊かな神の活《はたら》きを見ています。しかも、その「活き」は農夫のように大地を耕し、雨を降らせ、水路を作り、豊かな収穫をえさせてくれるのです。「詩篇」一〇節は神が農夫のように心をくだきながら働かれる様を次のように歌います。

一〇節　あなたは地に臨んで水を与え
　豊かさを加えられます。
神の水路は水をたたえ、地は穀物を備えます。
　あなたがそのように地を備え

「地に臨んで水を与える」というのは、水の象徴を使いながら豊かな神の活きを表しているのです。そして、「豊かさを加えられます。」どんな豊かさかといいますと、「神の水路は水をたたえ」ているのです。この水路というのは灌漑水路のことです。神は灌漑水路をお作りになって、水を豊かに与えてくれるのです。だから地は穀物をいっぱい備えてくれるのです。

一一節　畝を潤し、土をならし
　豊かな雨を注いで柔らかにし
芽生えたものを祝福してくださるからです。

「畝を潤し、土をならしている」という表現は農民の如く働く神の「活き」を象徴的に歌っているのです。神は『旧約聖書』でも農夫なのです。『新約聖書』ではこの『旧約』の象徴的表現をより一歩進めて、御子イエスは「ぶどうの樹」で御父《みちち》は農夫だと言われています。日本人は『聖書』の神は契約の神で怒りの神である、それは砂漠の民の神だからだと思っています。しかし、日本人がこのような間違った考えを持つようになったのは、『聖書』をよく学ばないからです。『聖書』の神はこの「詩篇」が歌い、『新約聖書』の「ぶどうの樹」の譬話に表現されているように、「農夫」なのです。農耕の民しかこのような比喩を使うことはできないのではないでしょうか。

一二節　あなたは豊作の年を冠として地に授けられます。
　　　　あなたの過ぎ行かれる跡には油が滴っています。

「あなたの過ぎ行かれる跡」の「跡」とは、原文では、轍《わだち》を意味します。ですから、この文によりますと、神は農夫のように鋤を持ってずっと過ぎて行って、「わだち」を作って行き、溝を作り、水が流れるようにするのです。その結果、収穫は油が滴るほど豊かになるというのです。

一三節　荒れ野の原にも滴り

どの丘も喜びを帯とし

荒れ野でさえも神が働かれ、その野原は水が豊かに滴り、その結果、「どの丘も喜び」に満たされるようになるのです。

一四節　牧場は羊の群れに装われ
谷は麦に覆われています。
ものみな歌い、喜びの叫びをあげています

どの牧場も羊の群れで一杯になり、あらゆる谷は麦で覆われ、すべてのものは喜び歌い、喜びの叫びを上げているのです。これこそ深い神体験に恵まれた「詩篇」作者が経験したすばらしい世界なのです。

ところで現代のキリスト者でこれほどの経験をしている人はどのくらいいるのでしょうか。このような「詩篇」作者の経験はちゃんと『聖書』に書いてあり、それをキリスト者は何回も読んでいるのです。しかし、普通の人はこの「詩篇」を口で唱え、美しいとは感じていても、たいていはこのような深い神体験まで至っていません。ただ唱えているだけです。しかし、これは神体験があればできるのです。まして、上述したようなキリストの十字架と復活のあの経験があれば、もっとやさしくできるはずです。そのような経験があるなら、宇宙と歴史を見渡す地平に立てるようになるからです。そして自然を見る時に、神の豊かな活きを見ることができるからです。自然の中の活きは身近です。神の活きは農夫のように働いてくださっています。歴史の中で私たちは苦しみ、罪を犯し、挫折するといった苦難の中で、神はサッといらして私たちを守って、共にいてくださるのですが、苦しみの真っ只中にいるときは神の慈しみの「活き《はたら》き」は見えません。

しかし『新約聖書』にはあの感動的な「迷える羊」の譬話があるではありませんか。神は九九匹の迷わない羊を置き去りにして、一匹の迷える羊を捜しに行き、見つけたら、肩に背負って家まで行って、皆を集め、「見てください、失われていた羊が見つかりました」、一緒に喜んでくださいと言って、皆で一緒に祝宴を開くのです。私が罪を犯し、苦しんでいるとき、神は罪人である私を捜しに出かけ、私を見つけてくださるという体験があったら、最高の神体験ではないでしょうか。このような体験があったら、怖いもの知らずになるでしょう。親鸞と同じように、「無碍の一道」を進んで行くことができるでしょう。どんな困難に出会っても、絶対に妨げられることのない「一道」を突き進んで生きていくことができるようになります。神の慈しみ深い愛と生命に溢れて生きて行けます。どんな苦難があっても平気になります。キリスト者も仏教徒でも、このような新しい自覚でもって、道を開発していくことができれば、どんなにすばらしい世界がひらけてくるでしょうか。もし、日本人がそのように生きることができるようになるならば、日本人が本当に主体的な人間、つまり禅的表現をもって言えば「随所に主となる」ことができるようになります。

参考文献

第Ⅰ章

『日本神話の研究』（全四巻、松村武雄著）、培風館、一九五四年。

『日本列島と人類社会』（岩波講座　日本通史・第一巻、朝尾直弘編）、岩波書店、一九九三年。

『古代１』（岩波講座　日本通史・第二巻、朝尾直弘編）、岩波書店、一九九三年。

『日本文藝史１』（小西甚一著）、講談社、一九八五年。

『歴史の曙から伝統社会の成熟へ』（日本通史１　原始・古代・中世、義江彰夫著）、山川出版社、一九八六年。

第Ⅱ章

『日蓮聖人全集』全七巻（渡辺宝陽・小松邦彰編）、春秋社、一九九二―一九九六年。

『観心本尊抄研究　序説』（茂田井教亨著）、山喜房佛書林、一九六四年。

『日蓮教学の根本問題』（茂田井教亨著）、平楽寺書店、一九八一年。

『開目抄講讃　上・下』（茂田井教亨述）、山喜房佛書林、一九七七年。

『日蓮聖人研究』（宮崎英修・茂田井教亨編）、平楽寺書店、一九七二年。

『本尊抄講讃　上』（茂田井教亨述）、山喜房佛書林、一九八三年。

『日蓮の人間観　上・下』（茂田井教亨著）、佼成出版社、一九八四年。

『日蓮の法華経観』（茂田井教亨著）、佼成出版社、一九八〇年。

第Ⅲ章

『親鸞著作全集』(金子大栄編)、法蔵館、一九六四年。

『教行信証の研究』(重見一行著)、法蔵館、一九八一年。

『眞宗救済論――宿業と大悲』(廣瀬杲著)、法蔵館、一九七七年。

第Ⅳ章

『宗祖としての道元禅師』(衛藤即應著)、岩波書店、一九四四年。

『道元禅と念佛』(衛藤即應著)、渓声社、一九七六年。

『正法眼蔵序説(辨道話義解)』(衛藤即應著)、岩波書店、一九七〇年。

『道元禅師全集』(全七巻、酒井得元・鏡島元隆・桜井秀雄監)、春秋社、一九八八―九三年。

『正法眼蔵註解全書』(全十一巻)、正法眼蔵註解全書刊行会、一九六五―六八年(初版一九五六―五八年)。

『正法眼蔵の成立史的研究』(河村孝道著)、春秋社、一九八七年。

第Ⅴ章

『老子・荘子 上』(阿部吉雄著)、明治書院、一九六六年。

『老子』(中国古典新書、山室三良著)、明徳出版社、一九六七年。

『老荘的世界――淮南子の思想』(金谷治著)、平楽寺書店、一九五九年。

『老子原義の研究』(加藤常賢著)、明徳出版社、一九六六年。

『老子の哲学』(大濱晧著)、勁草書房、一九六二年。

『老子の研究』(木村英一著)、創文社、一九五九年。

第Ⅵ章

『縄文文化の研究』（全十巻、加藤晋平編）、雄山閣出版、一九八二年。

『縄文図像学Ⅰ——表象の起源と神話像』（縄文造形研究会編）、言叢社、一九八四年。

『縄文図像学Ⅱ——仮面と身体像』（縄文造形研究会編）、言叢社、一九八九年。

あとがき

この本を書きましたことは、私にとって新しい経験でした。まず第一に、大学での教職をやめたことが、本書執筆の好機となりました。今まで長年教壇から若い大学生に向かって講義して来ましたが、それをやめることによって、老若男女さまざまな階層の人々に向かって語りかける機会が与えられたからです。そのとき、良き聴衆に恵まれ、多くの共感者を得ることができました。そして語ったことをぜひ本にして欲しいとの強い要望が起こり、それが本書の誕生の原動力になりました。それは東京四谷の聖イグナチオ教会で行われた連続講演会（一九九六年十月）のことでした。幸いにテープ起こしの名手、鈴木光弥氏に出会い、氏の作成してくれた立派な原稿が本書の第一稿となりました。それを元にして、より広い読者層に向かって語りかけるものにするために、全体の構造を手直しし、内容も大幅に書き変えて生まれたのが本書です。

これまで私が書きました著作（『道の形而上学』その他）は、難解だと言われたにもかかわらず、幸いに多くの読者に恵まれました。本書はこれらの著作とは違って、非常に平易な文章で読者に語りかけるように書きました。内的促しに動かされて筆を進めたからでしょうか、著者自身が驚いているほど、内容は斬新なものになったように思います。読者が新しい目で各人の心の深みを反省する機会になればと願っています。
　本書成立のために、上記の鈴木光弥氏をはじめ、吉平喜美子様、その他の多くの人々が協力してくださいましたことを感謝致します。最後にこの本の出版に尽力してくださった岩波書店編集部の佐藤妙子様に心からお礼申し上げます。

　一九九七年十一月　ローマにて

門脇佳吉

■岩波オンデマンドブックス■

日本の宗教とキリストの道

1997年12月5日　第1刷発行
2007年4月13日　第2刷発行
2015年6月10日　オンデマンド版発行

著　者　門脇佳吉《かどわきかきち》

発行者　岡本　厚

発行所　株式会社　岩波書店
〒101-8002　東京都千代田区一ツ橋2-5-5
電話案内　03-5210-4000
http://www.iwanami.co.jp/

印刷／製本・法令印刷

ISBN 978-4-00-730214-5　　Printed in Japan